Jean-Georges Ploner und Ulrich Koch

ARBEITE SMART ... NICHT HART!

ARBEITE SMART ...
NICHT HART!

Das „*Service that sells!*" Arbeitsbuch

herausgegeben von
Jean-Georges Ploner und Ulrich Koch

MATTHAES VERLAG GMBH

Dieses Buch gehört:

_____

ISBN 3-87516-734-1
Nachdruck, auch auszugsweise, sowie Verbreitung durch Fernsehen, Film und Funk, durch Fotokopie, Tonträger oder Datenverarbeitungsanlagen jeder Art nur mit schriftlicher Genehmigung des Verlages gestattet.

© 2002 by Matthaes Verlag GmbH, Stuttgart
Gesamtherstellung: Matthaes Druck, Stuttgart
Printed in Germany

INHALT

Vorwort 6
10 Tipps, wie Sie das Beste aus diesem Buch herausholen 7
Warum Sie dieses Buch lesen sollten 9
Unser Ziel – und wie wir es erreichen 12
Der „Was-wissen-Sie"-Test 14

Erster Teil: Die Kunst des smarten Verkaufens 21
1. Verhalten kontra Einstellung 33
2. Kennen Sie Ihr Angebot! 35
3. Das PENCOM-Nicken 41
4. Verwenden Sie die richtigen Worte 45
5. Das „Gesetz von Erster und Letzter" 51
6. Ihre Gäste wollen kaufen! 55
7. Bieten Sie immer eine Auswahl an 57
8. Wie wär's mit Ihren Favoriten? 61
9. Geteilte Freude ist doppelte Freude 63
10. Empfehlen Sie große Portionen 65
11. Geben Sie Ihr Bestes 67
12. Benutzen Sie Ihre „Requisiten" 69
13. Die 5 Verkaufszonen 73

Zweiter Teil: SERVICE THAT SELLS! 83
14. Der Servicezyklus: 12 Momente der Wahrheit 93
15. Die 5 Schritte zu ausgezeichnetem Service 101
16. Die „B 135" 105
17. Das Namensspiel 107
18. Der erste Eindruck zählt 109
19. Zum ersten Mal Ihr Gast? 111
20. Nicht im Sumpf landen 113
21. Das Kostenmonster bändigen 119

Eine letzte Bemerkung zu SERVICE THAT SELLS! 128
Rückblick SERVICE THAT SELLS! 129
Schlussfolgerung 131
Der „Was-wissen-Sie"-Test 133
Test-Auflösung 139

VORWORT

Es gibt kein Vorwort! Das Vorwort zu einem Buch liest sowieso kein Mensch. Aber wir versprechen Ihnen an dieser Stelle, dass Sie folgende Erfahrung machen – vorausgesetzt, Sie lesen dieses Buch und wenden die empfohlenen einfachen Verkaufstechniken an: Sie werden Ihr Trinkgeld ab Ihrem nächsten Arbeitstag um mindestens 5 Prozent erhöhen.

Aber genug fürs Erste – lassen Sie uns beginnen.

Das Team von PENCOM Deutschland

10 Tipps, wie Sie das Beste aus diesem Buch herausholen

1. Lesen Sie sich ARBEITE SMART ... NICHT HART!, das SERVICE THAT SELLS! Arbeitsbuch von der ersten bis zur letzten Seite durch. Machen Sie alle Tests und Übungen mit. Dafür werden Sie etwa 3 Stunden benötigen.
2. Lesen Sie das Buch in 2 Wochen noch einmal.
3. Schreiben Sie bitte die 10 besten Ideen und Anregungen auf, die Sie beim Lesen dieses Buches für sich entdecken. Bewahren Sie diese Liste z. B. in Ihrem Spind auf, und werfen Sie ruhig öfter mal einen Blick darauf.
4. Seien Sie ein serviceorientierter Verkäufer und kein „Ordertaker". Mehr dazu im ersten Teil.
5. Bevor Sie beginnen, dieses Buch zu lesen, notieren Sie sich bitte Ihre Trinkgeldeinnahmen. Vergleichen Sie sie mit dem Trinkgeld, das Sie erzielen, nachdem Sie unsere Ideen in die Tat umgesetzt haben. Sie werden überrascht sein.
6. Versuchen Sie bitte, alle Verkaufshilfen und Konzepte aus diesem Arbeitsbuch in Ihrer täglichen Arbeit anzuwenden – besonders das PENCOM-Nicken.
7. Werden Sie sich über Ihre eigene Rolle im Servicezyklus Ihres Restaurants oder Ihrer Bar klar. Machen Sie dann das Beste aus jedem einzelnen Moment der Wahrheit.
8. Beachten Sie bitte besonders die 5 Schritte zu ausgezeichnetem Service. Versuchen Sie, diese bei jedem Gast anzuwenden.
9. Lesen Sie dieses Arbeitsbuch von Zeit zu Zeit erneut durch. Sie werden immer wieder neue Anregungen finden, die Sie vorher gar nicht bemerkt haben.
10. Viel Spaß dabei ... ARBEITE SMART ... NICHT HART!

Einleitung

WARUM SIE DIESES BUCH LESEN SOLLTEN

Anders als diejenigen Buchautoren, die zwar immer gute Ratschläge parat haben, aber niemanden managen, sind wir täglich im Restaurantgeschäft tätig. Genau wie Sie. Seit 1975 betreiben wir 5 erfolgreiche, große und umsatzstarke Themenrestaurants in Denver, Colorado. Von der Zeitschrift *Restaurants and Institutions* wurden unsere Restaurants deswegen als „Die bestgeführte Restaurantgruppe in den USA" ausgezeichnet.

Also, warum genau schreiben wir eigentlich nun auch noch Bücher? Weil wir keine praxisnahe, unterhaltsame und effektive Trainingsmethode aus der Sicht von Servicemitarbeitern finden konnten, die uns praktische Wege aufzeigt, unseren Service zu verbessern und unseren Umsatz zu steigern. Also baten wir Servicemitarbeiter verschiedener Betriebe, uns beim Schreiben eines Buches zu helfen, das sie auch selbst lesen würden. Das gelungene Ergebnis ist das *ARBEITE SMART ... NICHT HART! Arbeitsbuch*.

Wir sind keine „Vereinigung" und kein „Institut", sondern im Gastgewerbe tätig und stellen uns deshalb jeden Tag den gleichen Herausforderungen und Aufgaben wie Sie. Sie werden genauso viel aus diesem Buch herausholen, wie Sie selbst hineinstecken. (Das ist der Grund, warum Sie auf vielen Seiten direkt in das Buch schreiben sollen.)

Geben Sie sich selbst eine Chance. Wir alle können stets noch etwas dazulernen. Was? Na, z. B. mehr Umsatz zu machen und in unserem Gewerbe mehr Spaß bei der Arbeit zu haben. Manchmal ist die Methode „das haben wir hier schon immer so gemacht ..." eben nicht der beste Weg, denn daraus folgt: Wenn Sie immer tun, was Sie immer taten, werden Sie immer bekommen, was Sie immer bekamen!

Also los, wir werden zusammen einen kurzen Ausflug unternehmen, der Ihre Art zu arbeiten für immer positiv verändern wird. Und das Ergebnis?

– Besserer Service
– Höhere Trinkgelder
– Mehr Spaß bei der Arbeit

All dies, ohne auch nur eine Minute mehr zu arbeiten. Interessiert? Wir sind es auch. Also bitte Platz nehmen, anschnallen und mit der richtigen Einstellung ran an *ARBEITE SMART ... NICHT HART!*

Wenn **S**ie **I**mmer **T**un

Was **S**ie **I**mmer **T**aten

Werden **S**ie **I**mmer **B**ekommen

Was **S**ie **I**mmer **B**ekamen

10 Anzeichen dafür, sich in einem schlechten Restaurant zu befinden

10. Nach dem Servieren wünscht der Servicemitarbeiter: „Viel Glück!"

9. Vor der Küchentür treffen sich alle Hunde des Stadtteils.

8. Das Restaurant hat 24 Stunden geöffnet, aber keine Mülltonnen.

7. Sie stellen plötzlich fest, dass das Wasser bernsteinfarben ist – und nicht Ihr Glas.

6. Das „Freilandhuhn" läuft in der Herrentoilette umher.

5. Sie bitten den Servicemitarbeiter um eine extra Serviette, er fragt: „Ist heute etwa Sonntag?"

4. Ein Burrito auf Ihrem Teller entpuppt sich als zusammengerollte Serviette.

3. Die Servicemitarbeiterin benutzt die Flecken auf ihrer Schürze, um Ihnen die Tagesspezialitäten aufzuzählen.

2. Das Wiener Schnitzel besteht nur aus Panade.

1. Das einzig Französische am Koch ist seine Art, Ihre Frau zu küssen.

Unser Ziel – und wie wir es erreichen

Man sagt zwar, Freundlichkeit sei nicht mit Geld zu bezahlen. Aber jeder Servicemitarbeiter, den *wir* kennen, sagt: „Na, dann her mit dem Trinkgeld, und ich strahle!"
Dieses Arbeitsbuch wurde so konzipiert, dass Sie Spaß haben, während Sie erfolgreiche Wege kennen lernen, smarter (= schlauer) und nicht härter zu arbeiten. Sie werden die besten Methoden lernen, Ihren Gästen zu geben, was sie wirklich wollen – ausgezeichneten Service –, und Ihrer Bar oder Restaurant zum Wichtigsten überhaupt zu verhelfen: mehr Umsatz. Vor allem aber lernen Sie 21 Wege kennen, mehr Spaß bei Ihrer Arbeit und mehr Geld in Ihrer Tasche zu haben.

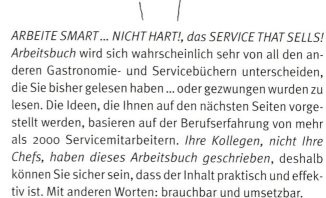

ARBEITE SMART ... NICHT HART!, das SERVICE THAT SELLS! Arbeitsbuch wird sich wahrscheinlich sehr von all den anderen Gastronomie- und Servicebüchern unterscheiden, die Sie bisher gelesen haben ... oder gezwungen wurden zu lesen. Die Ideen, die Ihnen auf den nächsten Seiten vorgestellt werden, basieren auf der Berufserfahrung von mehr als 2000 Servicemitarbeitern. *Ihre Kollegen, nicht Ihre Chefs, haben dieses Arbeitsbuch geschrieben*, deshalb können Sie sicher sein, dass der Inhalt praktisch und effektiv ist. Mit anderen Worten: brauchbar und umsetzbar.

In diesem Arbeitsbuch geht es nicht um die „Zehn Gebote des Service". Es geht vielmehr um 3 einfache und grundlegende Schritte. Holen Sie jetzt Hammer und Meißel, denn in Stein sollten Sie sie trotzdem hauen:

1. *Denken und handeln Sie wie ein Verkäufer*
2. *Kennen Sie Ihr Angebot*
3. *Leben und bieten Sie SERVICE THAT SELLS!*

Diese Schritte sind die Grundlage für besseren Service und mehr Trinkgeld. Das ist alles, worum es in *ARBEITE SMART... NICHT HART! geht*. Sobald Sie das Buch gelesen und alle Ideen förmlich „aufgesaugt" haben, sind Sie auf dem richtigen Weg zu Verkaufs- und Serviceerfolgen.

Das Arbeitsbuch teilt sich in zwei Teile, die die wechselseitige Beziehung zwischen Service und Verkauf darstellen. *Verkaufen ist Service. Service ist Verkaufen*. Der erste Teil befasst sich mit der *Kunst des smarten Verkaufens*, der zweite Teil zeigt, wie man *SERVICE THAT SELLS!* praktisch anwendet.

Sie finden darin 21 einfache und täglich anwendbare Strategien, mehr Umsatz und Trinkgeld zu erzielen. Außerdem lernen Sie, sicherer zu arbeiten und das Kostenmonster in Schach zu halten.

Verkauf, Service, Kostenkontrolle – wenn Sie diese 3 Bereiche beherrschen, werden Sie es in dieser Branche noch weit bringen. Bevor wir uns nun auf das *ARBEITE SMART... NICHT HART! Arbeitsbuch* stürzen, bitten wir Sie, zuerst den „Was-wissen-Sie"-Test zu machen. Keine große Sache, nur eine Momentaufnahme dessen, was Sie bereits wissen. Nachdem Sie dieses Buch *gelesen* und alle Seiten *ausgefüllt* haben, werden Sie diesen Test wieder machen und so sehen, was Sie gelernt haben.

Die Übungen werden Ihnen dabei helfen, die Ideen des Buches aufzunehmen, diese zu behalten und in die Tat umzusetzen. Unser Buch soll Ihnen nicht zuletzt Spaß machen, Ihnen etwas bringen und Sie nicht zu Tode langweilen.

Hört sich das gut an? Dann sind Sie bereit für unseren Test.

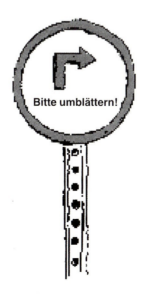

Bitte umblättern!

Der „Was-wissen-Sie"-Test

Bitte beginnen Sie die Arbeit an diesem Buch mit dem Ausfüllen des folgenden Tests. Aber nicht ärgern, sollten Sie nicht alle Antworten gleich parat haben. Sie werden sie alle im Laufe dieses Buches erarbeiten. Der Sinn des Tests besteht darin, Ihr bereits vorhandenes Wissen abzuschätzen, nicht darin, Ihnen vorzuführen, was Sie noch nicht wissen. Aber nun, versuchen Sie Ihr Bestes.
(Bitte schreiben Sie direkt in Ihr Arbeitsbuch)

1. Suggestives Verkaufen beinhaltet
   (Bitte alles Zutreffende einkreisen)

   A. Dem Gast bei Entscheidungen zu helfen
   B. Gute Artikel auf der Speisekarte zu empfehlen
   C. Etwas aufdringlich zu sein
   D. Besseren Service zu bieten
   E. Höheres Trinkgeld zu erhalten

2. Wenn ein Unfall Verletzungen hervorruft, die medizinische Hilfe benötigen, sollten Sie
   (Eine Antwort einkreisen)

   A. Sofort medizinische Hilfe anfordern
   B. Ihren Supervisor oder Manager benachrichtigen
   C. Bei der verletzten Person bleiben, bis Hilfe eintrifft
   D. Alle der oben genannten Punkte tun

3. Welche Art der Werbung kann man nicht mit Geld kaufen? *(Eine Antwort einkreisen)*

   A. Zeitungsanzeigen
   B. Fernsehspots
   C. Radiowerbung
   D. Positive Mundpropaganda

4. Wie viele Personen erfahren von der schlechten Serviceerfahrung eines Gastes?
   (Eine Antwort einkreisen)

   A. 3
   B. 30
   C. 300
   D. 3000

5. Warum sind Bars und Restaurants nicht erfolgreich?
   (Eine Antwort einkreisen)

   A. Falscher Standort
   B. Schlechtes Essen
   C. Mangelnde Hygiene
   D. Keine Kostendeckung

6. Was dürfen Sie im Umgang mit Messern niemals?
   (Eine Antwort einkreisen)

   A. Das Messer scharf halten
   B. Jeweils das passende Messer einsetzen
   C. Das Messer reinigen und sorgfältig aufbewahren
   D. Es in der Luft auffangen, bevor die Klinge auf dem Boden kaputtgeht

7. Wer macht mehr Umsatz und Trinkgeld?
   (Eine Antwort einkreisen)

   A. Ein Ordertaker
   B. Ein serviceorientierter Verkäufer

8. Im Verkauf und Service ist es besser, gutes Verhalten zu zeigen, als eine gute Einstellung zu haben.
   (Eine Antwort einkreisen)

   WAHR
   oder
   FALSCH

9. Die vier P für Ihre Angebotskenntnis sind
   (Bitte vier einkreisen)

   A. Preis
   B. Produktzubereitung
   C. Petersilie
   D. Portion
   E. Präsentation

10. *(Bitte füllen Sie die Lücke)*

    Das_____-Nicken ist die wichtigste Verkaufsmethode, die Sie anwenden können.

11. Welches der folgenden Beispiele gehört *nicht* zur richtigen Wortwahl bei suggestivem Verkaufen? *(Eine Antwort einkreisen)*

    A. Beschreibende Adjektive
    B. Das Wort „probieren"
    C. Das Wort „besonders"
    D. Das Wort „beliebt"
    E. Der Ausdruck „Billiges Schnäppchen"

12. Das „Gesetz von Erster und Letzter" bezieht sich auf die Tatsache, dass sich Leute das am besten merken, was Sie_____und_____sagen.
    (Füllen Sie die Lücken)

13. Welcher der beiden Servicemitarbeiter hat im Folgenden in Gedanken dem Gast bereits etwas verkauft? *(Eine Antwort einkreisen)*

    A: „Darf ich Ihnen jetzt schon eine Flasche Wein bringen oder lieber zum Hauptgang?"
    B: „Möchten Sie Wein zum Essen?"

14. Wie viel Auswahlmöglichkeiten sollten Sie Ihrem Gast nennen, wenn Sie ihm etwas empfehlen?
    (Eine Antwort einkreisen)

    A. Eine
    B. Mindestens zwei
    C. Mindestens elf

15. Was sollten Sie *sofort* sagen, wenn ein Gast bei Ihnen ein frisch gezapftes Bier bestellt und Sie verschiedene Größen anzubieten haben? *(Eine Antwort einkreisen)*

    A. „Ein Großes?"
    B. „Ein Kleines?"
    C. „Ich hol's Ihnen."
    D. „Klingt gut."

16. Sie sollten bei einer Cocktail-Bestellung
    immer/nie
    einen Upgrade versuchen. *(Eine Antwort einkreisen)*

17. Welches der genannten Dinge ist *keine* Verkaufshilfe?
    (Eine Antwort einkreisen)

    A. Tischaufsteller
    B. Speisekarte
    C. Eine Weinflasche
    D. Flecken auf der Schürze
    E. Getränkekarte

18. Die Goldmine des Servicemitarbeiters ist/sind
    (Eine Antwort einkreisen)

    A. Der Zigarettenautomat
    B. Der Aufenthaltsraum
    C. Die 5 Verkaufszonen
    D. Die Stechuhr

19. Die Aufgabe jedes Unternehmens ist es, Kunden
    zu _____ und
    zu _____.
    Das Ziel ist es, _____ zu sein.
    (Füllen Sie die Lücken)

20. Gäste beurteilen die Servicequalität, wann immer sie mit Ihnen, Ihren Kollegen oder Ihrem Betrieb in Kontakt kommen. *(Eine Antwort einkreisen)*

   WAHR
   oder
   FALSCH

21. Was bedeutet, „auf der B 135 unterwegs zu sein"? *(Eine Antwort einkreisen)*

   A. Ich bin auf der Straße nach Süden
   B. Ich bin auf dem Weg zu besserem Service, höherem Umsatz und zu mehr Trinkgeld

22. Wie lautet das Geheimrezept, nicht im Sumpf zu landen, sondern im Geschäft zu bleiben? *(Eine Antwort einkreisen)*

   A. Einen „richtigen Job" finden
   B. Schneller arbeiten
   C. Beobachten, Vorausschauen, Prioritäten setzen, Agieren
   D. Um Unterstützung bitten

23. Wie hoch ist Ihrer Meinung nach in der Restaurantbranche der durchschnittliche Gewinn vor Steuern an 1 Euro Umsatz? *(Eine Antwort einkreisen)*

   A. ca. 0,04 Euro
   B. ca. 0,11 Euro
   C. ca. 0,25 Euro
   D. ca. 0,50 Euro

24. Um besseren Service zu leisten und mehr zu verkaufen, sollten Sie sich folgende 3 Grundsätze in Stein meißeln – und natürlich auch danach handeln. *(Füllen Sie die Lücken)*

   A. Denke und handle wie ein _____
   B. Kenne dein _____
   C. Lebe und biete *SERVICE*_____

25. Es ist die Verantwortung jedes Einzelnen, Verschwendung und Bruch zu minimieren und damit die Kosten zu reduzieren. *(Eine Antwort einkreisen)*

   WAHR
   oder
   FALSCH

26. Welches sind die 5 wichtigsten Regeln für ausgezeichneten Service aus der Sicht der Gäste? *(Eine Antwort einkreisen)*

   A. Schau mich an, lächle mich an, sprich mit mir, höre mir zu, danke mir
   B. Beobachte, erahne, reagiere, verstärke, belohne
   C. Suchen, finden, feststellen, belehren, abliefern
   D. Zeitplanung, Zeitplanung, Zeitplanung, Zeitplanung, Zeitplanung

27. Der folgende Satz drückt meine jetzige Einstellung zu *ARBEITE SMART... NICHT HART!* am besten aus. *(Eine Antwort einkreisen)*

   A. Lasst mir die Ruhe
   B. Von neuen Ideen wird mir übel
   C. Zwei Worte: Nickerchen machen
   D. Ich hoffe, damit meinen Service und meine Verkaufstechniken zu verbessern und dadurch mehr Geld zu verdienen

Hoffentlich haben Sie „D" bei der letzten Frage eingekreist. Wenn nicht, überdenken Sie noch mal Ihre Antwort und kreisen jetzt wirklich „D" ein, damit Sie mit dem ersten Teil anfangen können: Die Kunst des smarten Verkaufens.

Auflösung auf Seite 139

> „Sie können das beste Produkt der Welt haben, aber wenn Sie es nicht verkaufen, bleiben Sie darauf sitzen."
>
> Jim Brady, legendärer Restaurantbesitzer, 1901

Erster Teil:
DIE KUNST DES SMARTEN VERKAUFENS

Der Alptraum vom Verkaufen?

Gestern Abend hat eine Freundin von Ihnen einen Film im Kino gesehen, der Sie vielleicht auch interessiert. Am nächsten Tag fragen Sie nach: „Na, wie war denn der Film?" Wenn ihre Antwort „Na ja, war so O.K." lautet, würden Sie sich dann den Film noch selbst ansehen wollen? Wahrscheinlich nicht. Bestimmt gehört ein bisschen mehr als ein „war O.K." dazu, um Sie davon zu überzeugen, ins Kino zu gehen. Wäre es nicht wirkungsvoller gewesen, hätte sie Ihnen geantwortet: „Super! Die Spezialeffekte sind überwältigend! Die Verfolgungsjagd wird dich umhauen! Und da ist eine Szene, wo …"?

Was sie damit eigentlich macht, ist, Ihnen den Film „*zu verkaufen*", ihn „schmackhaft" zu machen. Vergleichbar ist es, wenn ein Gast Sie fragt, „Wie sind die Nudeln mit Meeresfrüchten?", und Sie antworten: „Recht gut." Glauben Sie, das reicht aus, den Gast zu überzeugen, das Gericht zu bestellen?

Tatsache ist: Persönliche Begeisterung zusammen mit lebhaften Beschreibungen und einer positiven Einstellung kann andere dazu bewegen, ins Kino zu gehen, um sich einen Film anzuschauen …, oder die Nudeln mit Meeresfrüchten auszuwählen – *und* Freunden von einem Restaurant zu erzählen, das sie unbedingt besuchen müssen!

Einer unserer Servicemitarbeiter kam nach einem Verkaufstraining zu uns und sagte: „Ich weiß, warum Sie es so deutlich machen, dass suggestives Verkaufen unsere Trinkgelder erhöhen wird, in Wirklichkeit macht das Restaurant ja dadurch mehr Umsatz."

Jawohl, genau! Er hat den Nagel auf den Kopf getroffen. Wenn das Unternehmen, das Restaurant größeren Erfolg hat, hat auch der Mitarbeiter größeren Erfolg. Wir geben es zu, genau darum geht es uns!

„Sie arbeiten entweder im Verkauf oder in der Verwaltung!"
John „Doc" Gardner

Die beste Art, Ihre Gäste und ihre Wünsche kennen zu lernen und dafür zu sorgen, dass sie sich bei Ihnen wohl fühlen, ist, mit ihnen zu sprechen. Sprechen Sie mit ihnen über Ihr kulinarisches Angebot, über Speisen und Getränke – denn genau deswegen sind Ihre Gäste bei Ihnen. Sie wollen beraten werden und etwas verkauft bekommen. Ein „Ordertaker" (Bestellungsempfänger) kann jeder sein – gefragt ist aber der verkaufsorientierte Servicemitarbeiter!

Warum aber flippen dann so viele Leute aus der Dienstleistung allgemein und dem Gastgewerbe speziell bei dem Wort „VERKAUFEN" aus? Wir wünschten uns einen Cent pro Servicemitarbeiter, der Folgendes o. Ä. sagt: *„Nein, nein, nicht mit mir! Nicht das Wort mit ‚VER' am Anfang und ‚KAUFEN' am Ende! Ich serviere, was ihr wollt, aber ich will nicht verkaufen! Ahhhh!"*

Tausende von Servicemitarbeitern – und Managern – haben diese Einstellung. Warum nur? Wir sind nicht sicher, aber wahrscheinlich fürchten sie, abgewiesen zu werden, wenn sie zusätzlich Pommes als Beilage empfehlen, eine Vorspeise oder ein Dessert vorschlagen. Dieses Gefühl mag niemand. Unserer Erfahrung nach ist der wahre Grund für die meisten Servicemitarbeiter, sich vor dem Verkaufen zu fürchten, dass sie gar nicht wissen, wie man verkauft.

Unser Motto lautet: „Servieren" Sie, was Sie wollen – aber wenn Sie nichts *verkaufen*, sind Sie aus dem Geschäft! Sie können alle folgenden Regeln beachten: Servier weiter; sei freundlich; öffne die Tür für deine Gäste; biete ihnen einen Stuhl an; lächle; nenne sie beim Namen. All dies ist sehr, sehr wichtig. *Aber wenn diese Gäste nichts bestellen/kaufen*, sind Sie aus dem Geschäft!

Die Wichtigkeit des Verkaufstrainings zeigt sich in folgendem Beispiel: Marshall Field, Gründer einer Kaufhauskette, hielt sich einmal ein ganzes Jahr an den Grundsatz, nichts zu kaufen, was ihm nicht *verkauft* wurde. Er schätzt, in dieser Zeit rund 32 500 Euro gespart zu haben!

Die Kunst des „sanften" Verkaufens

Bitte denken Sie daran, das Verkaufen, von dem wir hier sprechen, ist *suggestives oder sanftes Verkaufen*, nicht etwa „Aalglatter-Gebrauchtwagen-über-den-Tisch-zieh-Verkauf!" Suggestives Verkaufen heißt, den Gästen beratend bei ihren Entscheidungen zu helfen. Diese Beratung bedeutet, von der Speisekarte *zu empfehlen, einzuschätzen, in welcher Stimmung die Gäste sind, und dann dabei zu helfen*, Speisen und Getränke auszuwählen, die Ihre Gäste gerne mögen. Suggestives Verkaufen ist nichts anderes als die Empfehlung (nicht das „Aufschwätzen") von Extras, Vorspeisen, Beilagen, Desserts und Getränken. Empfehlungen spezieller Angebote zeigen dem Gast, dass Sie sich die nötige Zeit für ihn nehmen, und er empfindet das als besseren Service.

Unter dem Strich: Mit suggestivem Verkauf können Sie *alles* gewinnen (mehr Umsatz, höheres Trinkgeld, besseren Service) und *nichts* verlieren (höchstens einmal ein „Nein, danke!"). Das ist der Vorteil, den *Sie* von suggestivem Verkaufen haben, was aber ist für den Gast drin? Serviert den ...

Wir lassen eine wahre Geschichte aus unseren Fallstudien folgen, um diesen Punkt deutlicher zu machen:

„Schlamm-Burger"

Nach einem gemeinsamen Abend mit Kameraden aus meiner Fußballmannschaft ging ich in ein Restaurant, das für seine guten Hamburger und Ribs berühmt ist. Die lächelnde Servicemitarbeiterin schaute mich an und sagte: „Sie sehen aus, als ob Sie etwas zu essen gebrauchen könnten!"
„Genau das!", sagte ich, „ich hätte gerne einen Steakburger, medium, bitte."
„Mögen Sie Schweizer Käse?", fragte sie, während sie dabei langsam mit dem Kopf nickte.
„Sicher", sagte ich.
„Und wie wär's mit Speck und Pilzen? Wir haben frische, in Burgunder gedünstete Champignons."
„Ja, warum nicht?!" Ich mochte ihre Art.
„Okay ..., einen saftigen Steakburger, medium ..., und was halten Sie davon, wenn wir Speck und Pilze mit Käse belegen und das Ganze überbacken, bis er zerschmolzen ist? Salatblätter, Tomaten und eine Scheibe rote Zwiebel auf einem gegrillten, hausgemachten Brötchen. Das ist der beste Burger in der Stadt, hört sich das nicht gut an?"
Gut? Ich muss Ihnen sagen, ich konnte förmlich sehen, wie dieser saftige Burger mit Speck und Pilzen in den Ofen ge-

schoben wurde und der Käse zu schmelzen begann! Gut? Es hörte sich super an! Ich klappte die Speisekarte zu und sagte ihr, „das ist genau, was ich möchte". Aber sie hatte noch eine gute Idee.

„O.K., aber als Beilage müssen Sie einfach unsere hausgemachte grüne Chilisoße probieren. Sie können Ihren Burger vor jedem Biss eindippen. Wir nennen ihn den ‚Schlamm-Burger'. Es hört sich komisch an, ist aber wirklich gut. Ich werde später auch einen essen."

„Klingt nach einer Sauerei", sagte ich.

„Ich bringe Ihnen einen Stoß extra Servietten."

Ich lächelte: „Verkauft!"

Wie sich Mundpropaganda verbreitet

Also ehrlich, dieser Burger war phantastisch! Er war saftig, lecker, köstlich, und es hat Spaß gemacht, ihn zu essen. Er hat 12,50 Euro gekostet, anstatt 8,75 Euro – war aber das Doppelte wert, wenn man das Erlebnis, die Qualität und die Begeisterung über den Service, die in mir geweckt wurde, mit einbezieht. (Für die Servicemitarbeiterin war es mehr als das Doppelte wert, ich habe 2,50 Euro Trinkgeld gegeben. Der einfache Burger hätte ihr höchstens 1 Euro gebracht!)

Aber es geht noch weiter.

Am nächsten Tag habe ich zwei meiner Arbeitskollegen, Uli und Georg, von meinem super Burger erzählt und ihn so beschrieben, wie die Servicemitarbeiterin ihn mir beschrieben hatte. Die beiden entschieden sich, zum Mittagessen dort hinzugehen, um ihn zu probieren. Diese Servicemitarbeiterin hat *SERVICE THAT SELLS!* angewandt und dadurch zwei neue Gäste für ihr Restaurant gewonnen. Allein durch Mundpropaganda!

Wie Mundpropaganda ihre Wirkung verfehlt

Später in der Woche traf ich meine Kollegen wieder und fragte sie, wie ihnen die Burger geschmeckt haben.

„Fürchterlich", sagten sie gleichzeitig, und Georg sah ganz schön sauer aus.

„Was hat dich an dem Laden so begeistert?", fragte Uli.

„Wieso, was meinst du?", antwortete ich: „Habt ihr nicht den ‚Schlamm-Burger' bestellt, mit Käse, Speck und frischen Pilz..."

„Nein, der stand gar nicht auf der Speisekarte", knurrte Georg.
„Ja, das weiß ich", sagte ich, „die Servicemitarbeiterin hat ihn mir empfohlen."

„Unsere hat das nicht getan. Wir haben Hamburger bestellt, und nur die haben wir auch bekommen", sagte Uli. „Sie hat uns gar nichts empfohlen, obwohl ich versucht habe, ihr deinen Burger zu beschreiben. Ich sagte, ‚er ist mit Speck'. Sie sagte, ‚das kostet extra!'. Ich sagte: ‚O.K., in Ordnung, er hat auch frische Pilze und Schweizer Käse drauf.' ‚Das geht auch extra!', sagte sie. Dann sagte ich, ‚ich glaube, man bekommt auch Chilisoße dazu ...'
‚Igitt!', unterbrach sie mich, ‚dieser Hamburger steht bestimmt nicht auf unserer Karte!', und sie starrte uns an. Plötzlich wandte sie sich ab. ‚Ich lasse Ihnen noch ein paar Minuten Zeit', und sie ging in die Küche oder sonst wo hin. Zum Schluss haben wir den einfachen Burger mit Pommes bestellt, das konnte sie gerade noch bewältigen."
„Übrigens", fügte Georg hinzu, „was findest du denn an diesem Laden überhaupt?"
Wahre Geschichte – und die Moral daraus ...
Verkäufer leisten besseren Service als „Ordertaker"; kontinuierlicher, suggestiver Verkauf bewirkt die Weiterempfehlung durch zufriedene Gäste – etwas, das man mit Geld nicht kaufen kann. Fehlendes oder unregelmäßiges Servicetraining bewirkt negative Mundpropaganda.

Wie viel es kostet, einen Gast zu verlieren

Die Statistik besagt: Wenn jemand eine schlechte Erfahrung in Ihrem Restaurant gemacht hat – sei es aufgrund von schlechtem oder gleichgültigem Service –, erzählt er davon durchschnittlich 10 bis 12 *anderen* Leuten, die noch nicht dort waren. Diese Leute wiederum werden es jeweils 7 weiteren Personen mitteilen, und jeder dieser 7 wiederum an 3 weitere.
Zählen Sie's zusammen, und Sie kommen auf *etwa 300 Leute, die alle durch negative Mundpropaganda von dieser schlechten Serviceerfahrung wissen*.
Sie können also 300 potenzielle neue Gäste an einem Tag verlieren, nur weil ein Gast unzufrieden und wütend genug war, Ihr Restaurant nicht mehr zu besuchen – und das auch

noch für weitererzählenswert hielt. Was verliert Ihr Betrieb also möglicherweise durch solch ein negatives Image an Umsatz ... und Sie an Trinkgeld?

Multiplizieren Sie 300 Personen mit 365 Tagen im Jahr, dann kommen Sie auf 109 500 Gäste pro Jahr. Nun multiplizieren Sie 109 500 mit dem Euro-Betrag einer durchschnittlichen Restaurantrechnung in Ihrem Betrieb. Lassen Sie uns annehmen es wären 5 Euro pro Person. O.K., fertig? Holen Sie tief Luft, und lesen Sie weiter ...

Das macht zirka 550 000 Euro an verlorenem, potenziellem Umsatz (und bis zu 75 000 Euro Trinkgeld!) jedes Jahr, weil *ein* Gast unzufrieden war. WAHNSINN!

In Ordnung, das mag etwas zu hoch gegriffen sein, aber was, wenn es nur die Hälfte wäre, ein Viertel oder ein Zehntel diese Betrages: gigantisch und immer noch zu viel!

Auf der anderen Seite zeigt die Statistik, dass ein Gast durchschnittlich 4 Personen von der *guten* Erfahrung mit einer Bar oder einem Restaurant erzählt. Unglücklicherweise verbreiten sich schlechte Erfahrungen im Service, genau wie schlechte Nachrichten im Allgemeinen, schneller und weiter als gute Erfahrungen. Umso wichtiger ist es also, auf Draht zu sein!

Als Peter Studebaker im Jahre 1863 in die Firma seines Bruders einstieg, vereinbarte er mit ihm einen Vertrag, der in seiner Einfachheit klassisch ist. Der vollständige Vertrag lautete: „Ich, Peter Studebaker, willige ein, alle Wagen zu verkaufen, die mein Bruder Clem herstellen kann. Ich, Clem Studebaker, willige ein, so viele Wagen herzustellen, wie Peter verkaufen kann."

Ein ähnlicher Vertrag kann zwischen Küche und Service bestehen:

„Wir, die Servicemitarbeiter, willigen ein, all die guten Speisen zu verkaufen, die die Küche herstellen kann. Wir, die Küchenmitarbeiter, willigen ein, all die guten Speisen herzustellen, die von den Servicemitarbeitern verkauft werden können!"

> **Erfolg ist nicht, wie weit du gekommen bist ...,**

> **... er liegt in dem Weg, den du zurückgelegt hast, seit du losgegangen bist.**

Verkäufer kontra Ordertaker

Wenn Sie jemand fragt „Was arbeitest du?", was sagen Sie dann? Schreiben Sie bitte direkt in dieses Arbeitsbuch und kreuzen die Bezeichnung(en) an, die Ihre Tätigkeit am besten beschreibt. *(Alles Zutreffende bitte ankreuzen)*

_____ Kellner/Kellnerin
_____ Verkäufer
_____ Manager
_____ Servicemitarbeiter
_____ Chefkoch/Steward
_____ Sonstiges *(Bitte ausschreiben):* _____

Wenn Sie „Verkäufer" nicht angekreuzt haben, sollten Sie es jetzt nachholen – natürlich sind Sie einer.

In jedem Restaurant oder Bar gibt es zwei – und nur zwei – Sorten von Servicemitarbeitern:

  1. Ordertaker
  2. Serviceorientierte Verkäufer

Ordertaker sind laufende und sprechende Automaten. Sie verhalten sich, als sei der Gast eine Unterbrechung ihrer Arbeit, nicht deren Inhalt. Ordertaker arbeiten hart – *nicht smart* – und verbringen so viel Zeit im Sumpf, dass sogar langsamer Service so gut wie unmöglich ist. Diese Mitarbeiter sind die „Gebrauchtwagenhändler" des Gastgewerbes.

Serviceorientierte Verkäufer liefern besseren Service und verkaufen mehr, lächeln natürlich, haben auch bei schnell wechselnden Gästen immer den Überblick in ihrer Station und sparen sich unnötige Wege. Sie machen Gäste glücklich und bekommen höhere Trinkgelder.

Welcher Typ von Servicemitarbeiter sind Sie? Lassen Sie uns das herausfinden. Versuchen Sie in der folgenden Übung, zwischen den Eigenarten eines Ordertakers und denen eines Verkäufers zu unterscheiden. Schreiben Sie bitte „OT" in die Lücke, wenn der Satz das Verhalten eines Ordertakers beschreibt, und „VK" bei einem Verkäufer.
(Bitte schreiben Sie direkt ins Buch)

Attila, der Ordertaker, kontra St. Josef, der Verkäufer

____ deckt Tische ein
____ denkt, verkaufen sei aufdringlich
____ benutzt „Schon gewählt?" als einen Gruß
____ empfiehlt die täglichen Speisen- und Getränkespezialitäten
____ merkt, wenn dem Gast eine Entscheidung schwer fällt und bietet seine Hilfe an
____ macht Empfehlungen (und mehr Trinkgeld) bei jeder Art von Gast
____ unterhält sich kurz mit dem Gast, um ihn kennen zu lernen
____ denkt: „Wenn der Gast etwas möchte, wird er es schon sagen!"
____ wird eines Tages einen „richtigen Job" finden
____ hat immer „schlechte" Gäste
____ empfiehlt immer Desserts und seine Lieblingsspeisen
____ antwortet auf die Frage: „Wie sind die Nudeln ‚Don Alfredo'?" mit: „Weiß nicht, noch nie probiert"

_____ steckt so oft im Sumpf, dass sein Spitzname „Sumpfschildkröte" ist

_____ tritt Hunde und schneidet kleinen Kindern Grimassen

Es ist sehr einfach, Verkäufer von Ordertakern zu unterscheiden – nicht nur durch die Art ihres Service, sondern auch durch die Höhe ihres Trinkgeldes. Es ist eine Tatsache: Verkäufer verdienen mehr Geld, mehr Geld, mehr Geld. Wie viel mehr? Um diese Antwort zu bekommen, lasst uns unseren Lieblingsradiosender einstellen: WID – FM, die Nr. 1 im Sendegebiet. Sollten Sie es nicht schon wissen, die Anfangsbuchstaben stehen für ...

Was Ist Drin – Für Mich?

Was ist drin – für Sie, wenn Sie denken und handeln wie ein Verkäufer und nicht wie ein Ordertaker? Ein besserer Service für Ihre Gäste und deshalb mehr Geld in Ihren Taschen. Wie viel mehr? Lasst uns die Gastrechnung eines Ordertakers mit der eines Verkäufers vergleichen; beide bedienen einen Tisch für 4 Personen.

Ordertakers Bon (4 Gäste)	**Verkäufers Bon (4 Gäste)**
1 Gin Tonic 4,25	1 Beefeater Tonic 5,00
2 Bier vom Fass (klein) 3,50	2 Bier vom Fass (groß) 5,40
1 Wasser 1,75	1 Flasche Wasser (0,7 l) 5,00
0 Vorspeisen 0,00	2 x Tomaten mit Mozzarella 8,50
0 Beilagen 0,00	2 Salate 4,20
1 Hühnerbrust Florentine 8,05	1 Hühnerbrust Florentine 8,05
2 Lachs mit Reis und Gemüse 17,00	Lammkeule für 2 Personen 20,00
1 Wiener Schnitzel 8,75	1 Wiener Schnitzel 8,75
4 Kaffee 6,00	4 Cappuccino 8,00
0 Desserts 0,00	2 Desserts (für 4 Personen) 9,00
2 Weinbrand 4,50	2 Cognac 7,00
Total 53,80 Euro	**Total 88,90 Euro**

ca. 10% Trinkgeld (5,50 Euro)

ca. 10% Trinkgeld (9,00 Euro)

Unter dem Strich sind das 9 Euro Trinkgeld für den Verkäufer und nur 5,50 Euro für den Ordertaker, eine Differenz von 3,50 Euro.

Aber um mehr Geld zu verdienen, müssen Sie nicht alles, was auf Seite 30 stand, an jeden Gast verkaufen; wenn Sie Ihren Umsatz nur um 1 Euro pro Gast erhöhen können, wird sich Ihr Trinkgeld im Jahr um 750 bis 1000 Euro *erhöhen* (je nach Ihrer Gästezahl), ohne auch nur eine Minute mehr zu arbeiten!

Was würden Sie mit zusätzlichen 1000 Euro im Jahr anfangen?

(Bitte schreiben Sie Ihre Antwort auf)

_____
_____
_____
_____
_____
_____
_____
_____

Je besser der von Ihnen gebotene Service ist, desto mehr verkaufen Sie; je besser Sie aber verkaufen, umso besser wird auch Ihr Service empfunden.

Jetzt, da Sie den Unterschied zwischen einem Verkäufer und einem Ordertaker kennen, lassen Sie uns gemeinsam das *Verhalten* unter die Lupe nehmen, das dieses Mehr an Verkauf und Service bewirkt. Wie Sie in den ersten der folgenden 21 Verkaufsstrategien entdecken werden, gehört zum Erfolg nämlich mehr als nur die „richtige Einstellung" – auch wenn sie durchaus eine gute Voraussetzung ist.

1
Verhalten kontra Einstellung

Während Ihrer Servicekarriere haben Sie bestimmt schon gehört – oder gedacht –, dass man, um erfolgreich zu sein, nur eine „positive Einstellung" haben muss. Nun, so einfach ist es leider nicht!
Es ist eben nicht genug, mit einer „positiven" Einstellung allein zur Arbeit zu kommen, *wenn* diese nicht auch zu einem *Verhalten* führt, das von Ihren Gästen als besserer Service empfunden wird.
Zum Glück aber können Menschen Verhaltensweisen leichter als eine „Einstellung" nachmachen. Bitte schauen Sie sich die nachfolgende Liste an. Vergleichen Sie jeden Punkt der Spalte „Einstellung" mit dem Punkt in der Spalte „Verhalten". Welche der genannten Punkte sind einfacher umzusetzen?

Einstellung	Verhalten
1. Positive Einstellung haben	1. Jeden Gast anlächeln
2. Der Gast verdient Aufmerksamkeit	2. Gäste innerhalb von 2 Minuten begrüßen
3. Stolz auf den Job sein	3. Saubere Uniform und Schürze tragen
4. Wie ein Verkäufer denken	4. Jedem Gast Vorspeise/Dessert empfehlen

Während die gute Einstellung sicherlich sehr wichtig ist, sehen Sie, dass sich die nötigen Arbeitstechniken ausgezeichneten Service und suggestiven Verkaufs im täglichen *Verhalten* darstellen.
Gewohnheit ist der einfache Grund, aus dem viele Servicemitarbeiter (Ordertaker) an längst überholtem Verhalten festhalten, anstatt suggestiv zu verkaufen. Und Gewohnheit ergibt sich, wenn Verhaltensweisen immer wieder wiederholt werden, warum also nicht die besseren? Sie haben die Wahl, und Sie haben sie immer wieder.
Was wäre, wenn wir Ihnen einfache und effektive Wege zeigten, Ordertaker-Eigenschaften abzulegen und ein besserer Servicemitarbeiter zu werden? Würden Sie diese nutzen?

Vielleicht *nicht*, weil es bedeutet, Sie müssten sich *ändern*; und nur ein Schneidermeister mag Änderungen. Aber es wird sich nichts bei Ihnen ändern, solange Sie nicht einige der Verhaltensweisen ausprobieren, die wir Ihnen auf den folgenden Seiten vorstellen. Möchten Sie's nicht doch probieren? *(Bitte ein Kästchen ankreuzen)*

☐ Ja   ☐ Nein   ☐ Wenn's mich begeistert

Wir werden es ganz einfach machen und nicht darauf bestehen, dass Sie Ihre Einstellung ändern, *wenn Sie einverstanden sind, nur ein klitzekleines bisschen Ihr Verhalten zu ändern.* Das Verhalten zu ändern bedeutet in diesem Fall: schlechte Angewohnheiten abstellen und gute Ergebnisse erzielen. Sagen wir, Sie wollen ein paar Kilo abnehmen: Wenn Ihre *Einstellung* ist, eine Diät zu machen, aber Ihr *Verhalten* zeigt, dass Sie 6 Eier mit Speck zum Frühstück essen ... Also dann sind Sie ein Fall für die „Hans-Meiser-Show"!

Wir wollen aus Ihnen keinen professionellen Verkäufer machen, sondern einen Verkaufsprofi. Bitte lesen Sie sich jede Strategie genau durch und überlegen Sie, wie Sie die Punkte in Ihrer täglichen Arbeit umsetzen können. Machen Sie dann die folgenden Übungen – Sie werden froh sein, sie gemacht zu haben!

„Es ist besser, etwas zu wissen und es nicht zu brauchen, als etwas zu brauchen und es nicht zu wissen."

2
Kennen Sie Ihr Angebot!

„Sie können genauso wenig etwas verkaufen, was Sie nicht kennen, wie von einem Ort zurückkehren, an dem Sie niemals waren." (Spruch eines alten Servicehasen)

Stellen Sie sich vor, Sie gehen in ein Geschäft, um ein neues Mountainbike zu kaufen. In der Ausstellung entdecken Sie gerade ein schnittiges, feuerrotes Modell, als ein Verkäufer auf Sie zukommt. Die Unterhaltung verläuft folgendermaßen:

Verkäufer: „Schickes Rad, ne?"
Sie: „Ja sicher, gibt's das auch in anderen Farben?"
Verkäufer: „Oh, da bin ich nicht sicher."
Sie: „Gehört die Ausstattung dazu, oder sind das Extras?"
Verkäufer: „Das ist eine gute Frage. Ich schau mal nach."
Sie: „Wie ist das mit der Garantie?"
Verkäufer: „Steht das nicht irgendwo auf dem Etikett?"

Schlecht informiert ist dieser Verkäufer gut! Würden *Sie* bei ihm ein Rad kaufen? Wahrscheinlich nicht, denn er hat absolut keine Ahnung von dem Produkt, das er zu verkaufen versucht. Und was ist mit Ihnen? Wenn Gäste Sie in Ihrem Restaurant nach Getränken oder Speisen aus Ihrem Angebot fragen, können Sie umfassend antworten? Kommt darauf an, wonach gefragt wird? Dann sollten Sie jetzt besser den Inhalt Ihrer Speisekarte studieren und sich über jeden einzelnen Speise- und Getränkeartikel informieren, Bestandteile, Zutaten und die 4 P:

Portionsgröße
Produktzubereitung
Präsentation
Preis

Lassen Sie uns einen kurzen Test zur Selbsteinschätzung durchführen. Schreiben Sie bitte Ihr Lieblingsgericht auf, und beantworten Sie die folgenden Fragen.
(Bitte schreiben Sie direkt in das Arbeitsbuch)

Mein Lieblingsgericht:
_____
_____

Was sind die Zutaten?
_____
_____

Wie groß ist die Portion (Gewicht oder Größe)?
_____
_____

Wie ist es zubereitet (frittiert, gebacken, gekocht, gegrillt usw.)?
_____
_____

Wie präsentiert es sich (Garnierung)?
_____
_____

Wie hoch ist der Preis?
_____
_____

Was würden Sie dazu empfehlen/verkaufen?
_____
_____

Bitte tragen Sie ein zweites Gericht ein, und beantworten Sie die Fragen nochmals.
(Schreiben Sie wieder direkt in das Buch)

Mein zweitliebstes Gericht:
_____
_____

Was sind die Zutaten?
_____
_____

Wie groß ist die Portion (Gewicht oder Größe)?
_____
_____

Wie ist es zubereitet (frittiert, gebacken, gekocht, gegrillt usw.)?
_____
_____

Wie präsentiert es sich (Garnierung)?
_____
_____

Wie hoch ist der Preis?
_____
_____

Was würden Sie dazu empfehlen/verkaufen?
_____
_____

Sie sollten die Suppen, Salate, Vorspeisen, Hauptgänge, Desserts, Getränke und Spezialitäten Ihres Restaurants/ Ihrer Bar hervorragend beschreiben können. Wenn Sie noch in der Ausbildung sind, ist es daher wichtig, in der Schicht als Commis möglichst viele Speisen zu tragen, damit Sie das gesamte Angebot im Original kennen lernen und nicht nur aus der Speisekarte oder vom Bild.

Jeder sollte über jedes Produkt in Bezug auf Produktinformation (was ist es?) und Produktvorteil (was hat man davon?) Bescheid wissen.

Nehmen wir z. B. ein großes gezapftes Bier.

Produktinformationen:
*Es ist ein dunkles Weihenstephan Hefeweizen.
Ein Fassbier im 0,5-l-Glas.
Es kostet nur 2,25 Euro.
Kommt aus der ältesten Brauerei der Welt.*

Produktvorteile:
*Ist sehr durstlöschend.
Wird nach dem Reinheitsgebot gebraut.
Sehr gutes Preis-Leistungs-Verhältnis (Angebot).
Passt hervorragend zum Schweinebraten.*

Oder gefüllte Kartoffeln als Vorspeise

Produktinformationen:
*Eine große Portion bester Kartoffeln.
Sie sind mit frischem Kräuterquark
und knusprigen Speckstückchen gefüllt.
Sie kosten nur 5,25 Euro.
Es ist eine sehr beliebte Vorspeise.*

Produktvorteile:
*Guter Preis für die Portionsgröße.
Die Portion ist reichlich für zwei, bei wenig Hunger
genug für vier.
Die Bestellung dauert nur 3 bis 5 Minuten
in der Zubereitung.*

Produktinformationen und -vorteile aufzuzählen, macht das Verkaufen von Speisen und Getränken einfacher. Bitte tragen Sie in die linke Spalte die bestverkauften Produkte Ihrer Bar/Ihres Restaurants unter der jeweiligen Rubrik ein. Dann tragen Sie bitte direkt daneben (mittlere Spalte) die Produktinformationen (was ist es?) ein und in die rechte Spalte die Produktvorteile (was hat man davon?).
(Bitte schreiben Sie direkt in das Arbeitsbuch)

Die bestverkauften Produkte

Produkt-informationen   Produkt-vorteile

Vorspeise

Hauptgericht

Dessert

Wein

Cocktail

Jeder Servicemitarbeiter muss neben der Angebotskenntnis eine weitere wichtige Fertigkeit mitbringen: Er muss die Auswahl an bestellten Speisen oder Getränken des Gastes überzeugend als gute Wahl *loben* können. Nachdem der Gast fragt „Was ist das?" oder „Wie wird es zubereitet?" müssen Sie ihm das Produkt in Bezug auf Portion, Zubereitung, Präsentation und Preis beschreiben können – dann folgt üblicherweise die Frage „Wie ist es, wie schmeckt es?"

Dies ist genau der richtige Zeitpunkt für den guten Servicemitarbeiter, das Produkt positiv zu beschreiben und damit dem Gast das Gefühl zu geben, die richtige Wahl getroffen zu haben. Hier einige unterstützende Beispiele:

„Das ist *wirklich* gut."

„Das ist mein Lieblingsdessert."

„Vor dem Dienst hab ich das auch gegessen."

„Das wählen viele Leute bei diesem Wetter!"

Schreiben Sie hier bitte zwei Formulierungen auf, die Sie verwenden würden, um ein Gericht/Getränk von der Karte anzupreisen oder eine Bestellung zu bestätigen:

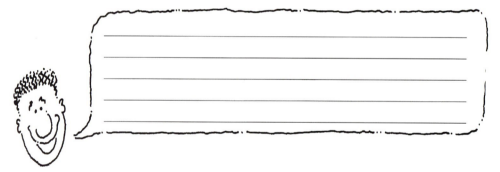

Da die meisten von uns zu wenig lernen und zu viel vergessen, ist die Angebotskenntnis umso wichtiger – ja, sogar Ihr Freund. Sie können nichts verkaufen, was Sie nicht kennen. Wenn Sie Ihre Produkte kennen, können Sie auch die Ihnen zur Verfügung stehenden Verkaufswerkzeuge nutzen. Welche Verkaufswerkzeuge, fragen Sie? Für Einsteiger erstmal das PENCOM-Nicken.

3
Das PENCOM-Nicken

Jeder, der schon einmal einen Charlie-Chaplin-Film oder die Verhörszene aus dem Film „Basic Instinct" mit Sharon Stone gesehen hat, weiß, wie eindrucksvoll Körpersprache sein kann. Ja, *Körpersprache* spricht oft sogar deutlicher als Worte. Auch wenn sich Ihre Körpersprache vielleicht nicht mit der von Sharon Stone messen kann (falls doch, was machen Sie dann noch hier?), hat sie doch großen Einfluss auf die Art und Weise, wie Ihr Service auf den Gast wirkt. Also lassen Sie uns ein wenig von Körpersprache in Bezug auf Service und Verkauf reden. Wir beginnen mit der Art, wie Sie Ihren Kopf bewegen.

Vergessen Sie Ihren Hund. Das PENCOM-Nicken ist Ihr bester Freund. Es kann nicht nach großen Knochen schnappen, aber nach mehr Verdienst! Und es ist einfacher zu handhaben als jeder Hund. Alles, was Sie dabei machen müssen, ist lächeln und dabei langsam mit dem Kopf nicken, während Sie Ihren Gästen Speisen oder Getränke empfehlen. Es ist erstaunlich, wie diese Art der Körpersprache Gäste dazu bewegen kann, Ihre Vorschläge gerne anzunehmen. Hier ist das PENCOM-Nicken bei der Arbeit:

Ihr bester Freund

1. Beispiel
Gast: „Ich nehme ein Omelett."
Service (langsam nickend): „Möchten Sie dazu Speck und Pfifferlinge probieren?"
Gast: „Klar, warum nicht?"
***Klingeling!* 0,15 Euro mehr Trinkgeld**

2. Beispiel
Gast: „Welche Sorten Kuchen haben Sie heute?"
Service: „Kirsch, Apfel und Pfirsich."
Gast: „Dann nehme ich ein Stück Pfirsichkuchen."
Service (langsam nickend): „Möchten Sie eine Kugel Vanilleeis dazu? Das schmeckt ausgezeichnet."
Gast: „Ja, das hört sich gut an."
***Klingeling!* 0,25 Euro mehr Trinkgeld**

3. Beispiel
Gast: „Ich hätte gerne ein Jever light."
Service (langsam nickend): „Ein großes?"
Gast: „Ja, sicher."
Und schon wieder 0,25 Euro mehr Trinkgeld!

4. Beispiel
Sie (langsam ihrem Kollegen zunickend): „Kannst du für mich am Sonntag den Spätdienst machen?"
Ihr Kollege: „Oh, ja, ich glaube schon."
Sie: „Super!"

Moment mal! Wenn das PENCOM-Nicken so gut ist, warum machen das dann nicht alle Servicemitarbeiter auf der ganzen Welt, während sie Gäste bedienen? Tatsache ist, dass sie ihren Kopf schon *bewegen*, wenn sie versuchen, etwas zu verkaufen – nur in die falsche Richtung! Sie bewegen ihn *seitwärts*, anstatt zu nicken. So entsteht eher ein Kopfschütteln als ein Nicken, also ein negatives Signal der Körpersprache.

Sehr viele Servicemitarbeiter tendieren auch dazu, ihre Vorschläge in der denkbar schlechtesten Weise zu formulieren.

Hören Sie sich das an:
„Sie wollen keine Vorspeise, oder?"
„Sie haben keine Lust mehr auf ein Dessert, oder?"
Natürlich nicht! Nicht, wenn die Frage so gestellt wird. Hier ist die bessere Version.

(Langsam nickend): „Wie wär's mit unseren weltberühmten Zwiebelringen oder einer Muschelsuppe zu Beginn des Essens?"
(Langsam nickend): Hört sich doch besser an, oder?

Bitte tragen Sie 4 bestimmte Speisen oder Getränke in die folgenden Zeilen ein, die *Sie* mit dem PENCOM-Nicken verkaufen könnten. Wenn Sie schon dabei sind, wie würden Sie Ihren Vorschlag formulieren?
(Bitte schreiben Sie direkt in das Buch)

Produkt　　　　　　　　　　　　　Formulierung

1._____　　　　_____

2._____　　　　_____

3._____　　　　_____

4._____　　　　_____

Mit etwas Übung wird das PENCOM-Nicken zur Gewohnheit, und dann werden Sie sehen, wie Ihre Verkäufe steigen und steigen. Viele der folgenden Verkaufsstrategien funktionieren im Zusammenhang mit dieser einfachen, aber wirkungsvollen Verkaufshilfe.

PS:
Vergessen Sie nicht, sich unser *Service That Sells!* Video anzuschauen, um live und in Farbe Beispiele für den Einsatz des PENCOM-Nickens zu sehen!

Halt, war da nicht noch was? Doch, nämlich 2 weitere Tipps zum Thema Körpersprache. Erstens: Verlieren Sie vor den Gästen niemals Ihr freundliches Lächeln, Ihr „Bühnenlächeln", ganz egal wie gestresst Sie sich gerade fühlen. Niemand möchte von Servicemitarbeitern umgeben sein, die aussehen wie ein Rudel übergeschnappter Pitbull-Terrier! Zweitens: Deuten Sie niemals mit dem Finger (egal mit welchem) auf einen Tisch oder Gast. Das gehört sich einfach nicht! Am besten, Sie nennen die Tischnummern oder weisen mit der ganzen Hand.

4
Verwenden Sie die richtigen Worte

Wie wir alle wissen, gibt es immer zwei Wege, etwas zu tun – den richtigen und den falschen. Das trifft auch auf das zu, was wir sagen. Schon als Kind lernen wir den Unterschied zwischen den Reaktionen auf: „Hey, werf' mal die Kartoffeln rüber!" (Ohrfeige von Mutter) und „Bitte, reich mir doch die Kartoffeln!" (Mutter lächelt). Im Gastgewerbe gilt es ebenfalls, die „richtige" Wortwahl, die Gäste als angenehm empfinden und sie in Kauflaune versetzt, von der „falschen", bei der Ihre Gäste abschalten und auf „Durchzug" stellen, zu unterscheiden. Lassen Sie uns ein paar Beispiele für die Wortwahl anschauen, wie Sie sie während Ihrer Arbeit verwenden sollten.

Da Sie einem Gast nicht alle Speisen und Getränke aus der Küche holen und zeigen können, müssen Sie sie so gut beschreiben, dass der Gast an ihnen Gefallen findet. Deshalb ist es so wichtig, die richtigen Worte zu gebrauchen, die den Gästen das Wasser im Mund zusammenlaufen lassen. Sehen wir uns doch mal an, wie diese beiden Servicemitarbeiter eine Hauptspeise beschreiben:

Verwenden Sie appetitanregende Adjektive und Beschreibungen

Servicemitarbeiter A: „In der Meeresfrüchtepfanne ist viel Fisch, und sie wird in der Pfanne gebacken. Die Leute scheinen es zu mögen."

Servicemitarbeiter B: „Die Meeresfrüchtepfanne ist eine unserer beliebtesten Hauptspeisen: 120 Gramm Seelachs, dazu Krabbenfleisch und frische Kamm-Muscheln – das alles in Weißwein gedünstet. Dazu kommen dann kleine Erbsen, milder Pfeffer und eine cremige Basilikum-Knoblauch-Sauce, und alles zusammen wird abschließend mit pikanten Gewürzen gebacken. Dazu gehört auch ein großer Salat. Alles zusammen für nur 9,75 Euro."

Wer von den beiden Servicemitarbeitern, glauben Sie, hat die richtige Wortwahl getroffen? *(Bitte kreuzen Sie an)*

☐ Servicemitarbeiter A   ☐ Servicemitarbeiter B

Versuchen Sie, für das beliebteste Gericht auf Ihrer Karte die passenden Worte zu finden.

Gericht: _____

Richtige Wortwahl:
_____
_____
_____

Worte, die verkaufen

Hier folgt eine Liste von wirkungsvollen Adjektiven und Redewendungen, um Speisen und Getränke wirkungsvoll anzupreisen.

Speisen

- leicht paniert
- lecker gefüllt
- goldgelb geschmolzener Käse
- sehr beliebt
- macht Spaß zu teilen
- würzig mariniert
- nicht zu scharf
- täglich frisch
- reichlich
- gut gereift
- herzhaft eingelegt
- in Honig gebacken
- extra groß
- eintunken und genießen
- erste Wahl
- für Kenner
- kurz angebraten
- einzigartig frisch
- überbacken
- preisgekrönt
- goldbraun
- dampfend heiß
- sehr bekömmlich
- Favorit
- knackig

		Speisen
auf Holzkohle gegrillt	vitaminschonend gedünstet	
gartenfrisch	überbacken	
naturbelassen	lassen Sie Platz übrig für…	
neu	genug zum Teilen für…	
berühmt	viele Gäste mögen es sehr	
Originalrezept	traditionelles Rezept	
in Bier gedämpft	mit Zitrone bestrichen	
typischer Geschmack	ausverkauft,	
pikant	nicht ausgegangen	

Schwertfischsteak? Eines unserer beliebtesten Gerichte: 220 g Schwertfisch auf Basmatireis mit Kräutersauce – so frisch, als hätte der Fisch noch im Ozean übernachtet!

0,5 l erfrischendes, frisch gezapftes Bier im Krug!

		Bier
eiskalt	speziell	
weich	beliebt	
mild	bernsteinfarben	
leicht	herrliche Schaumkrone	
frisch	hopfig	

		Cocktails
mit frischen Früchten	cremig	
Spezialrezept	berühmt	
alkoholfreies Rezept	gigantisch	
tropisch	frisch gepresst	
handgemixt	geeist	

Wein trocken   fruchtig
         gehaltvoll   importiert
         besonderer Jahrgang frisch
         kräftig   gute Lage
         ausgereift   herb
         halbtrocken   spritzig

Sie sind dran Beschreiben Sie hier bitte einige Speisen und Getränke Ihrer Karte. Verwenden Sie dazu Adjektive und Redewendungen aus der obigen Liste sowie selbst erdachte, die Sie ab heute verwenden werden, um mehr Umsatz zu machen.

Vorspeisen
_____   _____
_____   _____

Desserts
_____   _____
_____   _____

Hauptspeisen
_____   _____
_____   _____

Wein
_____   _____
_____   _____

Cocktails
_____   _____
_____   _____

Wenn Sie Beilagen zur Hauptspeise vorschlagen oder Markenspirituosen in Cocktails empfehlen, benutzen Sie das Wort *„probieren"*. Auf diese Weise weiß der Gast, dass es etwas mehr kostet, aber auch besser schmeckt. Vergessen Sie hier bitte nicht das PENCOM-Nicken.
Zum Beispiel:

Benutzen Sie das Wort „probieren"

Gäste: „Wir nehmen das Nudelgericht mit Meeresfrüchten."
Servicemitarbeiter (langsam nickend): „Möchten Sie vorweg unseren norwegischen Wildlachs probieren?"
Gäste: „Ja, gerne!"

Oder:
Gast: „Ich möchte bitte einen Bourbon mit Wasser."
Servicemitarbeiter: „Möchten Sie gerne den Wild Turkey probieren?"
Gast: „Kostet der extra?"
Servicemitarbeiter: „Ja, 0,75 Euro mehr, aber man schmeckt es …"
Gast: „Okay."

Schreiben Sie hier bitte auf, mit welchen Worten Sie einem Gast Ihr liebstes Extra anbieten würden:

_____
_____
_____
_____
_____
_____
_____
_____

Ein weiteres großartiges Wort, um Getränke, Vorspeisen und Desserts zu beschreiben, ist „besonders". Zum Beispiel: „Heute empfehle ich Ihnen *besonders* den Riesling aus unserem Ausschank." Oder: „Unsere Besonderheit ist heute Abend der Midori Margarita für nur 4 Euro." Sie können das Wort *„besonders"* auch dann anwenden, wenn das Produkt nicht im Preis vergünstigt angeboten wird. Was auch immer Sie besonders empfehlen, es erhält dadurch gesteigerten Wert und eine herausragende Bedeutung.

Benutzen Sie das Wort „besonders"

Benutzen Sie das Wort „beliebt"

Gäste brauchen oftmals Bestätigung, wenn sie etwas bestellen, was sie noch nie zuvor probiert haben. Indem Sie das Wort „beliebt" verwenden, erleichtern Sie die Wahl, der Gast fühlt sich wohl und in seiner Entscheidung bestätigt.

Gast: „Wie sind die Zwiebelringe in Bierteig?"
Servicemitarbeiter: „Die sind sehr beliebt, vielleicht die besten Zwiebelringe der Stadt."
Gast: „Klasse, die nehme ich!"

Empfehlungen aussprechen

Viele Servicemitarbeiter verkaufen *am meisten* Wein, indem sie ihn folgendermaßen anbieten: „Haben Sie sich schon unsere Weinkarte angesehen? Wenn Sie möchten, bin ich Ihnen gerne bei der Auswahl behilflich!"

Artikel der mittleren Preiskategorie vorschlagen

Ein guter Verkäufer sollte versuchen, das Vertrauen seiner Gäste zu gewinnen. Empfehlen Sie deshalb beliebte, aber *nicht gleich und ausschließlich die teuersten* Produkte der Karte. So zeigen Sie, dass man Ihnen vertrauen kann. Überlegen Sie mal, was würden Sie denken, wenn Sie in einem Restaurant den Servicemitarbeiter nach einer Vorspeise fragen und er Ihnen als erstes Trüffeln, Austern und Hummer empfiehlt. Würden Sie sich auch noch seine Dessertempfehlung anhören?

Die richtige Wortwahl wird Ihr Verkaufsgespräch verbessern, und das wiederum Ihr Trinkgeld. Die Wortwahl ist jedoch nur ein Teil des Erfolgs. Sie sollten auch wissen, wann Sie was sagen. Das ist das Thema der nächsten Verkaufsstrategie.

5
Das „Gesetz von Erster und Letzter"

Mit „Erster" und „Letzter" meinen wir, dass sich Gäste bei einer Empfehlung meist das zuerst und das zuletzt Gesagte merken. Nennen Sie das, was Sie verkaufen möchten, am Anfang und noch einmal am Ende – ein Trick, der in der Werbebranche seit Jahren genutzt wird. Sie können dieses „Gesetz" zu Ihrem Vorteil nutzen: Weisen Sie einfach auf das Gericht/Getränk, das Sie besonders empfehlen möchten, zweimal hin – einmal am Anfang und dann noch einmal am Ende Ihrer Empfehlung, wenn Sie es genauer beschreiben.

Vielleicht möchten Sie Ihren Weinverkauf erhöhen. So könnte Ihre Empfehlung lauten:

> „Guten Abend, darf ich Ihnen etwas zu trinken bringen? Ein Glas Wein, ein Bier, einen Cocktail? *(langsam nickend)* Unsere besondere Weinempfehlung heute Abend ist der Cabernet Sauvignon."

Haben Sie bemerkt, wie hier Wein ganz allgemein am Anfang genannt und am Ende ein Wein besonders herausgehoben wurde? Dieser psychologische Zug wird den Gast im Normalfall dazu bewegen, Ihrer Empfehlung zu folgen. (Das PENCOM-Nicken muss immer angewendet werden, wenn Sie einen spezifischen Vorschlag machen.)

Möchten Sie mehr *Säfte* verkaufen? Probieren Sie es einmal so:

> „Darf ich Ihnen etwas zu trinken bringen? Einen Saft, eine Tasse Kaffee oder Tee? *(langsam nickend)* Wir haben frisch gepressten Orangen- und Grapefruitsaft."

Möchten Sie mehr *Bier* verkaufen? Probieren Sie's so:

> „Darf ich Ihnen etwas zu trinken bringen? Ein schönes kaltes Bier, ein Glas Wein, einen Cocktail? *(langsam nickend)* Wir haben Warsteiner und Bitburger vom Fass."

Jetzt probieren Sie's: Sagen wir, Sie möchten den Gästen an einem Ihrer Tische eine Vorspeise empfehlen. Bitte schreiben Sie auf, was Sie sagen würden, um eine Suppe, gebeizten Lachs, Zwiebelringe, Nachos usw. zu verkaufen. Wenden Sie bitte das Gesetz von „Erster und Letzter" an, und versuchen Sie auch, einige appetitanregende Adjektive einzufügen.

Vorspeise
___
___
___
___

Wein
___
___
___
___

Bier
___
___
___
___

Dessert
___
___
___
___

Kaffee

_____
_____
_____
_____

Probieren Sie es aus! Wenn Sie das nächste Mal im Gespräch mit Ihren Gästen sind, erinnern Sie sich daran, was Sie sich hier aufgeschrieben haben, und benutzen Sie es immer wieder. Die Ergebnisse werden Sie überraschen. Denn Beständigkeit und der Ehrgeiz, jede Verkaufsgelegenheit mit gleichem Einsatz und Selbstvertrauen anzugehen, sind die Schlüssel zum Erfolg, wie Sie im nächsten Abschnitt erfahren werden.

> Es gibt kein „hartes" Verkaufen oder „weiches" Verkaufen. Es gibt nur smartes Verkaufen und dummes Verkaufen!

SMART   **DUMM**

6
Ihre Gäste wollen kaufen!

In den vorausgegangenen zwei Abschnitten haben Sie gelernt, *was* man *wann* sagt. Nun lassen Sie uns der Sache eine weitere Dimension geben: *Wie* man es sagt. Wir nennen es „den Verkaufserfolg voraussetzen", und es bedeutet vor allem, zuversichtlich zu sein.

Es kommt vor, dass ein kompletter Vierer-Tisch Ihnen mit „Nein, danke" antwortet, wenn Sie zur Bierbestellung Nachos empfehlen. Das heißt aber nicht, dass Sie beim nächsten Tisch die Nachos nicht erfolgreich empfehlen können. Es ist eine Tatsache, dass sich *gute Verkäufer immer* den Verkaufserfolg vorstellen. Indem Sie den Verkauf erwarten, zeigen Sie Ihre Zuversicht und die Überzeugung, dass Ihr Gast gerne kaufen möchte. Und so setzt man diese Vorstellung im Gespräch um:

„Darf ich Ihnen schon *jetzt* ein weiteres Bier bringen oder lieber mit dem Knoblauchbrot zusammen?"

Wir können Ihnen die neue Bestellung fast garantieren, wenn Sie diese Strategie anwenden. Auf der anderen Seite, was ist, wenn ein Vierer-Tisch Ihre Dessertempfehlung dankend ablehnt? Heißt das, Ihr Aufwand und Mut waren umsonst? NEIN! Diese Gäste werden vielleicht das nächste Mal gerne ein Dessert nehmen, vielleicht sogar heute noch, nachdem sie ihren Cappuccino genossen und sich noch eine Weile unterhalten haben. Sie haben bereits für eine spätere Verkaufsernte gesät.

Was ist, wenn Sie einem Paar Wein empfehlen, die Empfehlung aber abgelehnt wird, weil die beiden lieber Cocktails möchten? Setzen Sie nicht einfach voraus, dass diese Gäste auch zu ihrem Hauptgang keinen Wein möchten. Stellen Sie sich einfach vor, dass sie erst einmal einen Cocktail genießen wollen und später einen Wein zur Hauptspeise bestellen werden. Wer nicht fragt, der nicht gewinnt.

Versuchen Sie, Fragen zu vermeiden, die vom Gast nur mit Ja oder Nein beantwortet werden können, wie z. B.:

1. *„Sie möchten keine weitere Flasche Wein, oder doch?"*
2. *„Möchten Sie gerne eine Vorspeise, oder nicht?"*
3. *„Möchte jemand ein Dessert?"*

Lassen Sie uns diese drei Sätze in offene Fragen umformulieren. Die ersten beiden geben wir vor, bitte formulieren Sie die dritte selbst.
(Bitte schreiben Sie direkt in dieses Buch)

1. „Wie wär's mit einem Stück unseres berühmten New Yorker Käsekuchens oder einem unserer preisgekrönten Karamell-Eisbecher?"
2. „Die Zwiebelsuppe und der Parmaschinken mit frischer Melone sind bei uns sehr beliebt. Was davon darf ich Ihnen bringen?"
3. _____
_____
_____
_____
_____
_____

Diese Vorschläge sind nicht nur offen formuliert, sondern bieten Ihren Gästen auch eine Auswahl. Aber auch Sie bekommen noch weitere Verkaufsstrategien empfohlen, nämlich …

7
Bieten Sie immer eine Auswahl an

Sie denken vielleicht, dass Sie in einem Restaurant oder einer Bar arbeiten. Die Wahrheit ist aber: Sie arbeiten im Einzelhandel. Durch das Trinkgeld sind Sie ein am Erfolg beteiligter Verkäufer für alle „Abteilungen" auf Ihrer Speisekarte, also der „Vorspeisen-Abteilung", der „Dessert-Abteilung" und sogar der „Mineralwasser-Abteilung".
Die gute Nachricht daran ist, dass Sie einen RIESEN-Vorteil gegenüber den Verkäufern in einem Kaufhaus haben, denn Kaufhauskunden bummeln herum und probieren viel aus und an, oft jedoch ohne etwas zu kaufen. *Aber niemand wird jemals als Gast zu Ihnen kommen, um nur mal kurz einen Burger, ein Omelett, ein Bier oder ein Steak anzuprobieren.* Der Wunsch Ihrer Gäste ist zu kaufen, nicht zu bummeln.
Die Gemeinsamkeit liegt darin, dass Kunden und Gäste, egal ob sie nach einem neuen Kleidungsstück suchen oder ein Mittagessen genießen wollen, immer eine Auswahl haben möchten. Der Gegensatz ist, in einem Kaufhaus können sie die Auswahl vor ihrer Entscheidung anschauen und anfassen. In einem Restaurant dagegen können sie sich nur auf die Speisekarte oder Erfahrungen stützen. Deshalb muss hier der Servicemitarbeiter dem Gast einen Überblick über das Angebot verschaffen. Dieser Überblick sollte zumindest zwei Wahlmöglichkeiten umfassen. In der 4. Verkaufsstrategie (über die richtige Wortwahl) haben Sie ja bereits gelernt, diese so zu formulieren, dass den Gästen das Wasser im Mund zusammenläuft.
Warum mehrere? Stellen wir uns einen Tisch vor, an dem Sie nur den Käsekuchen als Dessert empfehlen. Die Schokoladenfans in dieser Gruppe bestellen höchstwahrscheinlich gar nichts. Empfehlen Sie nur die Schokoladentorte, sind wahrscheinlich die Käsekuchen- und Strudelfans uninteressiert.
Desserts sind nur ein Teil dieser Spielanleitung. Beim Anbieten von Vorspeisen sollten Sie nicht einfach fragen: „Möchten Sie eine Vorspeise?" Denn das ist unspezifisch und bietet keine Auswahlmöglichkeit (außer ja oder nein,

oft genug eben nein). Der folgende Vorschlag ist besser: „Wie wäre es mit einer Vorspeise zu Beginn? Die mit Käse überbackenen Quesadillas und die pikanten Jalapenos sind sehr beliebt, und unsere Tagessuppe ist hausgemachte Rinderkraftbrühe mit Einlage." Sehen (und hören) Sie den Unterschied?

Jetzt sind Sie dran. Bitte schreiben Sie zu den folgenden Kategorien jeweils mindestens zwei Auswahlmöglichkeiten auf, die Sie von Ihrer Karte empfehlen können.
(Bitte schreiben Sie direkt in Ihr Arbeitsbuch)

Entweder …

Bier: _____

Wein: _____

Vorspeise: _____

Dessert: _____

Digestif/Kaffee: _____

Oder …

_____
_____
_____
_____
_____

Na, wie hat es geklappt? Eine gute Möglichkeit zum Einstieg ist es, mit Ihren persönlichen Lieblingsprodukten zu beginnen! „Zufällig" ist das auch unser nächster Punkt in der Reihe der Verkaufsstrategien.

8
Wie wär's mit Ihren Favoriten?

Empfehlen Sie immer *Ihre* persönlichen Lieblingsprodukte, wenn Sie Speisen oder Getränke vorschlagen, denn Ihre Empfehlung hat eine große Wirkung, wie wir in der 2. Strategie „Kennen Sie Ihr Angebot" gelernt haben.
Wenn ein Gast fragt: „Was empfehlen Sie?", dann beschreiben Sie die Spezialitäten, und wenn Sie eine besonders mögen, lassen Sie das in Ihre Empfehlung einfließen: „Die Hühnerbrühe mit Gemüse schmeckt mir besonders gut."
Wenn Sie Bier oder Cocktails empfehlen, fragen Sie Ihre Gäste, ob sie eine bestimmte Lieblingssorte haben. Möchte ein Gast einen Whisky, fragen Sie: „Bevorzugen Sie eine bestimmte Marke?" Wenn Sie den Verkauf gleich fest machen möchten, sagen Sie: „Bevorzugen Sie eine bestimmte Marke? Ich kann Ihnen besonders den Canadian Club empfehlen!"
Was sind Ihre Favoriten in Ihrer Bar oder Ihrem Restaurant? Schreiben Sie diese unter die jeweiligen Kategorien.

Hauptspeisen   **Cocktails**

1. _____   1. _____

2. _____   2. _____

Vorspeisen   **Desserts**

1. _____   1. _____

2. _____   2. _____

Da wir gerade von Vorspeisen und Desserts sprechen, das ist das Thema unserer nächsten Verkaufsstrategie ...

9
Geteilte Freude ist doppelte Freude

Sie freuen sich über eine zusätzliche Verkaufsgelegenheit, Ihre Gäste freuen sich über eine appetitanregende Vorspeise oder ein leckeres Dessert! Denn sicherlich haben Sie Folgendes schon erlebt: Sie empfehlen eine Vorspeise oder ein Dessert, aber die angesprochenen Gäste antworten Ihnen weder mit Ja oder Nein. Stattdessen murmeln sie etwas wie „Ich weiß nicht, ob ich so großen Hunger habe" oder „Ach, eigentlich sind wir schon satt."

Solchermaßen unentschlossene Gäste möchten geführt werden. Und wer sollte das besser können als Sie?

Wenn Sie Vorspeisen oder Desserts vorschlagen, Ihre Gäste aber zögern, sollten Sie *niemals* sagen: „Ich gebe Ihnen noch ein paar Minuten zum Überlegen", und dann den Tisch verlassen. Diese Verkaufsgelegenheit sehen Sie garantiert nie wieder! Schlagen Sie stattdessen lieber vor, die Vorspeise oder das Dessert *zu teilen*: „Sie bekommen gerne zur Vorspeise (Dessert) mehrere Löffel!"

Bitte schreiben Sie hier 4 Speisen auf, die man mit mehreren Personen teilen kann:

1. _____
2. _____
3. _____
4. _____

Ihren Gästen vorzuschlagen, ein Dessert oder eine Vorspeise zu teilen, anstatt ganz darauf zu verzichten, ist eine grundlegende Verkaufsstrategie. Sie sollte Ihnen so in Fleisch und Blut übergehen, dass sie sich sofort „meldet", wenn sie gebraucht wird. Was auch von der nächsten Strategie gesagt werden kann: Größer ist besser.

10
Empfehlen Sie große Portionen

Wenn ein Gast einen Kaffee bestellt, sollten Sie *immer* „Einen Großen?" fragen, während Sie langsam mit dem Kopf nicken.
Bestellt ein Gast ein Bier vom Fass, dann fragen Sie *immer* „Ein Großes?", während Sie dabei langsam mit dem Kopf nicken.
Wenn ein Gast einen Saft bestellt, fragen Sie *immer* „Groß?", während Sie langsam mit dem Kopf nicken.
Alles klar?

Mal sehen! *(Bitte füllen Sie die Lücken aus)*
Wenn ein Gast eine Cola bestellt, fragen Sie immer _____?, während Sie _____ mit dem Kopf _____.

Bitte schreiben Sie in die Leerzeilen 3 Produkte aus dem Sortiment Ihrer Bar oder Ihres Restaurants, die es auch in einer großen Einheit gibt.

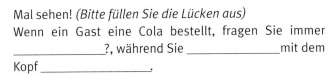

1. _____
2. _____
3. _____

Immer die größere Einheit zu empfehlen bringt Ihnen mehr Trinkgeld und erspart Ihnen Wege. Wie oft kommt es vor, dass ein Gast bei Ihnen ein kleines Getränk bestellt, es sofort austrinkt und Sie gleich wieder nach einem zweiten (wieder ein kleines!) schickt? Sparen Sie sich diese unnötigen Wege, denn man hat nur eine bestimmte Anzahl an Schritten im Leben zur Verfügung und sollte keinen davon verschwenden!

Weil es nun schon philosophisch wird, hier ist ein weiterer Punkt zum Nachdenken: Das Beste ist gerade gut genug. Was das bedeutet? Lesen Sie weiter...

11
Geben Sie Ihr Bestes

Hier ist eine weitere Strategie, die einem serviceorientierten Verkäufer in Fleisch und Blut übergehen sollte: Versuchen Sie, jede Bestellung von alkoholischen Getränken mit einem Markenprodukt aufzuwerten (es muss ja nicht gleich das teuerste sein, siehe 4. Strategie). Bei Wein, Bier und Cocktails empfehlen Sie immer das Beste, das Sie haben. Die Gäste bekommen ein besseres Getränk und Sie ein besseres Trinkgeld!
Wenn ein Gast ein Glas Wein bestellt, empfehlen Sie eine Premium-Weinsorte aus dem Ausschank, zum Beispiel so:
   Gast: „Ich hätte gerne ein Glas Chardonnay."
   Sie: „Wir haben eine sehr gute Auswahl an Weinen im Ausschank. Möchten Sie gerne den Bardolino oder den Cornelius Creek Chardonnay probieren?"

Wenn ein Gast einen Cocktail bestellt, empfehlen Sie eine Premium-Marke.
   Gast: „Ich hätte gerne einen Gin Tonic."
   Sie: „Gerne, möchten Sie ihn mit Beefeater Gin?"
   Gast: „Kostet das extra?"
   Sie: „Nur 0,45 Euro mehr, aber Ihr Drink schmeckt viel, viel besser!"
   Gast: „O.K., das probiere ich."

Jetzt sind Sie dran. Bitte fügen Sie im folgenden Gespräch die fehlenden Sätze ein.
(Bitte schreiben Sie direkt in Ihr Arbeitsbuch)
   Gast: „Einen Bourbon auf Eis, bitte."
   Sie:
   Gast: „Ja, sicher."

   Gast: „Ich hätte gerne ein Glas Sekt."
   Sie:
   Gast: „Ja, gerne, den versuche ich!"

Bis jetzt haben wir über viele Möglichkeiten gesprochen, mehr Speisen und Getränke *zu empfehlen* und *zu verkaufen*. Die nächste Strategie wird Ihnen zeigen, wie man diese Vorschläge sogar noch ein wenig besser zur Geltung bringen kann ...

Immer das Beste empfehlen, denn wenn Ihr Gast besser trinkt, dann trinken auch Sie besser!

12
Benutzen Sie Ihre „Requisiten"

„Wenn Sie eine Gehaltserhöhung möchten, gehen Sie nicht zu Ihrem Manager, sondern zu Ihrer Speisekarte."

Das Gastgewerbe ist Showbusiness. Sie sollten niemals ohne Ihre Requisiten sprich Verkaufshilfen auf die „Bühne" gehen. Wer sie nicht benutzt, verpasst viele Verkaufsgelegenheiten und höhere Trinkgelder. Außerdem stehen sie Ihnen ohnehin zur Verfügung, also nutzen Sie sie auch!

Beispiele:
    Faltkarten
    Tischaufsteller
    Aktionskarte
    Speisekarte
    Weinflaschen
    Bierflaschen und Cocktailgläser
    Dessertwagen
    Tafel der Tagesgerichte

Gäste bestellen einfach mehr, wenn Verkäufer bei der Produktbeschreibung verschiedene Sinne ansprechen. Betrachten Sie sich nicht auch gerne das CD-Cover, während Sie sich die Musik anhören und überlegen, ob Sie die CD kaufen sollen?

Benutzen Sie Ihre Verkaufshilfen auf die gleiche Weise, wenn Sie spezielle Produkte empfehlen und hervorheben möchten. Wenn ein Gast Sie z. B. nach der Weinauswahl fragt, dann zeigen Sie ihm einen Tischaufsteller oder die Auswahl auf der Karte. Damit *unterstreichen Sie Ihre Worte optisch,* und das ist gut so, denn der Mensch ist sehr stark visuell veranlagt. Wenn ein Produkt gleichzeitig zur mündlichen Beschreibung gezeigt wird, ist die Wahrscheinlichkeit größer, dass man es kauft!

Natürlich müssen die Verkaufshilfen dazu im richtigen Zustand sein. Vergewissern Sie sich deshalb immer wieder, dass Tischaufsteller, Speisekarten, Hinweistafeln usw. nicht fleckig, vergilbt oder zerfleddert sind. Vergessen Sie bitte auch nicht, dem Gast die Speise- oder Weinkarte aufgeschlagen zu überreichen.

Speisen und Getränke können auch für sich selbst sprechen. Dazu müssen Sie dem Gast nicht eigens jedes Gericht an den Tisch tragen, hilfreich ist es aber, wenn Kollegen sich gegenseitig bei der Vorführung unterstützen. Präsentieren Sie toll dekorierte Drinks und leckere Desserts so, dass sie beim Servieren auch von den Gästen anderer Tische gesehen werden. Wenn Sie Ihren Gästen Wein empfehlen, dann machen Sie ruhig auf die Gäste am Nebentisch aufmerksam, die auch gerade Wein genießen. Sollten Sie in Ihrem Restaurant einen Dessertwagen haben, so zeigen Sie diesen bitte den Gästen, auch Desserttabletts sind hierfür praktisch.

Listen Sie hier bitte 3 Verkaufshilfen auf, die Sie in Ihrem Restaurant benutzen können:

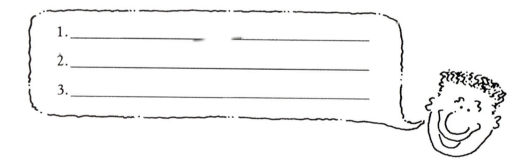

1. _____
2. _____
3. _____

Wie gut Sie Ihre gläsernen Verkaufshilfen kennen, erfahren Sie auf der nächsten Seite!

Ordnen Sie bitte die Gläsertypen den verschiedenen Getränken zu:

_____ _____ _____ _____ _____

_____ _____ _____ _____ _____

A. Cocktail oder Saft
B. Bier
C. Wein
D. Wasser oder Eistee
E. Martini

Sie sind jetzt bei der letzten Strategie des ersten Teils, die Kunst des smarten Verkaufens, angekommen. An dieser Stelle möchten Sie möglicherweise einiges von dem Vorhergegangenen wiederholen – bevor Sie sich dann auf die 13. und letzte Strategie des ersten Teils stürzen: Hier werden wir die „Verkaufszonen" beleuchten, in denen Sie die bisher gelernten Strategien erfolgreich anwenden können.

Antwort in Spiegelschrift von rechts nach links:
D\.A\.C\.E\.B

13
Die 5 Verkaufszonen

Die ersten 12 Strategien sind darauf ausgerichtet, Ihnen dabei zu helfen, mehr zu verkaufen, besseren Service zu leisten und natürlich mehr Trinkgeld einzunehmen. Aber bevor Sie beginnen, Ihr Glück zu machen, lassen Sie uns die 5 verschiedenen Zonen vorstellen, die Sie zum suggestiven Verkauf nutzen können. Wir nennen sie die „Verkaufspyramide".

Es ist sehr wichtig zu wissen, was Sie beim Eintritt und beim Verlassen jeder dieser Zonen Ihren Gästen empfehlen können. Wie Sie sozusagen die Saat ausbringen, um später zu ernten.

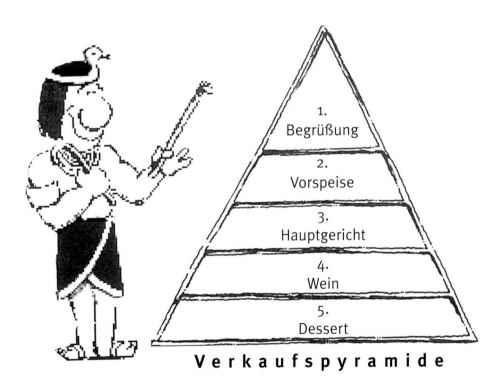

Lassen Sie uns gleich in die Verkaufszonen einsteigen.

1. Begrüßungs- und Getränkezone

Am wichtigsten ist es, die Gäste sofort zu begrüßen. Haben Sie dabei immer ein bestimmtes Getränkeangebot im Kopf, um es in dieser Phase empfehlen zu können. Denken Sie an das Gesetz von „Erster und Letzter": „Darf ich Ihnen etwas zu trinken bringen? Ein Bier, einen Wein oder einen Cocktail? Wir haben eine sehr gute Auswahl an Bieren hier auf unserer Karte." Haben Sie eine Familie zu Gast, könnten Sie so vorgehen: „Möchten Sie gerne etwas zu trinken? Saft, Mineralwasser, Kaffee? Wir haben auch wunderbare Milchshakes" (5. Strategie). *Bevor Sie den Tisch verlassen, leiten Sie den Verkauf der Vorspeisen ein:* „Während ich Ihre Getränke hole, schauen Sie sich doch unsere Karte mit den Vorspeisen an. Wir sind berühmt für unsere guten Nachos, und die hausgemachte Tagessuppe ist Schweizer Käsesuppe."

2. Vorspeisenzone

Wenn Sie mit den Getränken zurückkommen, sollten Sie *davon ausgehen*, dass Ihre Gäste eine Vorspeise *möchten* (Sie erinnern sich?):

„Haben Sie sich schon für eine Vorspeise entschieden?" Mit den richtigen Worten (4. Strategie) bieten Sie eine Auswahl an (7. Strategie):

„Die Tomatensuppe aus frischen Tomaten und die geräucherte Forelle sind beide sehr gut", danach schlagen Sie Ihren Favoriten vor (8. Strategie): „Meine Lieblingsvorspeise ist der Salat mit Thunfisch."

3. Hauptgangzone

Beschreiben Sie die Tagesspezialitäten, und *loben* Sie Ihre Gäste für deren Wahl („Gut gewählt!"). Nehmen Sie die Bestellung auf. Empfehlen Sie dabei Beilagen und Extras, die gut zu den gewählten Hauptspeisen passen. Beispielsweise passt gekochter oder auch roher Schinken sehr gut zu Spargel und ein kleiner Salat passt hervorragend zu allen Gerichten. Erinnern Sie Ihre Gäste daran, noch etwas Platz für ein leckeres Dessert zu lassen!

4. Weinzone

Wenn auch Ihr Restaurant diesen „edlen Rebensaft" anbietet, denken Sie immer daran, dass das Verkaufen von Wein der beste Weg ist, die durchschnittliche Gastrechnung und Ihr Trinkgeld zu erhöhen. Die größte Pause einer Mahlzeit entsteht zwischen Suppe/Vorspeise und Hauptgang. Das ist die beste Zeit, ein Glas, eine halbe oder eine ganze Flasche Wein zu empfehlen. Nach den Vorlieben Ihrer Gäste natürlich.
Stellen Sie bitte diese drei Fragen:

> „Hatten Sie bereits Gelegenheit, sich unsere Weinkarte anzuschauen? Gerne bin ich Ihnen bei Ihrer Wahl oder Fragen zu unserem Angebot behilflich."

> „Bevorzugen Sie Rotwein oder Weißwein?"

> „Bevorzugen Sie lieblichen oder trockenen Weißwein?"

Mit dieser Fragefolge können Sie den Gast führen und die Unzahl von Weinsorten und -arten eingrenzen. Die zweite Flasche Wein zu verkaufen ist einfach. Während Sie den Rest der ersten Flasche einschenken, benutzen Sie das PENCOM-Nicken und fragen: „Darf ich Ihnen *jetzt* eine neue Flasche bringen, oder lieber zum Hauptgang?"

5. Dessertzone

Vielleicht ist das neu für Sie, aber Desserts werden international als die fünfte Speisengruppe bezeichnet! Die Dessertzone beinhaltet Desserts, Kaffee, Fruchtsäfte, Liköre, Tee, Espresso, Cappuccino usw. Wenn möglich, sollten Sie immer einen Dessertwagen, ein Desserttablett oder eine Karte mit Ihren Kaffeespezialitäten präsentieren.

Ein heißer Tipp Empfehlen Sie vor dem Kaffee *immer zuerst* ein Dessert. Kaffee läutet sozusagen das Ende der Mahlzeit ein. Möchte ein Gast kein Dessert, so schlagen Sie Cappuccino und dann Kaffee oder koffeinfreien Kaffee vor. Und bitte nicht vergessen, langsam zu nicken!
In der folgenden Übung setzen Sie bitte die Namen der verschiedenen Zonen in die „Verkaufspyramide" ein.
(Bitte schreiben Sie direkt in Ihr Arbeitsbuch)

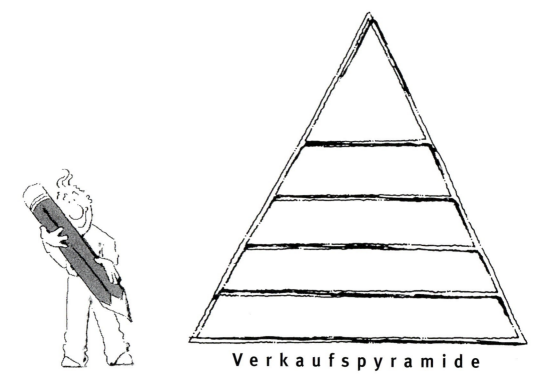

Verkaufspyramide

Jetzt sind Sie dran
Entwerfen Sie bitte Dialoge, wie Sie sie bei Ihren Gästen benutzen würden. Schreiben Sie bitte zwei Produkte Ihrer Speisekarte auf, die Sie in jeder dieser Zonen verkaufen können.

Begrüßungs- und Getränkezone
_____
_____
_____
_____

Vorspeisenzone
_____
_____
_____
_____

Hauptgangzone
_____
_____
_____
_____

Weinzone
_____
_____
_____
_____

Dessertzone
_____
_____
_____
_____

Jetzt, da Sie ausgerüstet sind und die vorangegangenen 13 Verkaufsstrategien durchgearbeitet haben, noch eine letzte Bemerkung...

Eine letzte Bemerkung

Die Kunst des „sanften" Verkaufens

Vielleicht denken Sie, dass Verkauf und Service zwei verschiedene Dinge sind. Damit haben Sie Recht und Unrecht. In jeder Verkaufsgelegenheit steckt eine Servicegelegenheit. In jeder Servicegelegenheit steckt eine Verkaufsgelegenheit. Wenn Sie z. B. nach Ihren Gästen schauen, ob sie ihre Cocktails genießen, dann ist das eine *Servicegelegenheit*. Indem Sie eine zweite Runde vorschlagen, haben Sie Ihre *Verkaufsgelegenheit*.

Gäste sind auf Ihrer Seite. Sie möchten eine schöne Zeit verbringen und guten Service genießen. Sie möchten auf gar keinen Fall von Robotern bedient werden. Speisen und Getränke zu empfehlen, die Ihre Gäste (wahrscheinlich) mögen werden – also suggestives Verkaufen –, führt zu besserem Service und zu höherem Trinkgeld.

Je mehr Sie empfehlen, desto weniger müssen Ihre Gäste fragen. Und je weniger Aufwand und Mühe Gäste haben, desto zufriedener sind sie.

Kurze Wiederholung

Ich weiß, ich weiß

Kreuzen Sie bitte die Kästchen an, wenn Sie die Strategien verstanden haben, und füllen Sie die Lückentexte aus. Wenn Sie sich nicht ganz sicher sind oder Schwierigkeiten beim Ausfüllen haben, dann schlagen Sie noch mal kurz unter der jeweiligen Strategie nach.

Die Kunst des smarten Verkaufens

☐ Ich weiß, warum ein gutes Verkaufs- und Serviceverhalten wünschenswerter ist als eine „gute Einstellung".

☐ Ich kenne die 3 Grundprinzipien, auf welchen dieses Arbeitsbuch aufgebaut ist.
(Bitte füllen Sie die Lücken)

1. Denke und handle wie ein _____.

2. Kenne dein _____.

3. Lebe und biete *Service* _____.

☐ Ich weiß, wie man das PENCOM-Nicken anwendet.

☐ Ich kenne die optimalen Worte, um Empfehlungen auszusprechen.
(Geben Sie bitte 3 Beispiele)

1._____
2._____
3._____

☐ Ich weiß, dass sich Gäste das am besten einprägen, was man zuerst und zuletzt sagt.

☐ Ich weiß, wie man vom Verkauf ausgeht, denn Gäste _____.

☐ Ich weiß warum es wichtig ist, Auswahlmöglichkeiten, die beste Qualität oder die größere Portion anzubieten.

☐ Ich kenne Speisen, die mit mehr als einer Gabel serviert werden (zum Teilen).
(Bitte nennen Sie zwei)

_____

_____

☐ Ich weiß, wie ich meine „Verkaufshilfen" einsetzen kann. Diese sind

_____
_____
_____
_____

☐ Ich kenne die 5 Verkaufszonen *(Bitte auflisten)*

1._____
2._____
3._____
4._____
5._____

☐ Ich weiß, dass ich dieses Jahr zirka 1250 Euro mehr an Trinkgeld bekommen kann, wenn ich meinen Umsatz nur um 1 Euro pro Gast erhöhen würde.

Ihre Notizen

Also:

_____
_____
_____
_____
_____
_____
_____
_____
_____
_____
_____
_____
_____
_____
_____
_____
_____
_____
_____
_____
_____
_____
_____

> **Weiter geht's mit dem zweiten Teil:**
> ***SERVICE THAT SELLS!***
> **8 weitere Strategien für Ihren Erfolg!**

Zweiter Teil:
SERVICE THAT SELLS!

Wir alle hatten schon einmal das Gefühl, zu viel gegessen oder getrunken zu haben; aber wann hatten Sie das letzte Mal *zu viel guten Service*?
Im ersten Teil von *ARBEITE SMART... NICHT HART!* haben wir über ein Dutzend effektiver Möglichkeiten gesprochen, Speisen und Getränke besser zu verkaufen. Aber etwas wurde noch ausgelassen, etwas sehr Wichtiges. Zusätzlich zu Bier, Wein, Spirituosen, Cocktails, Kaffee, Säften, Mineralwasser, Vorspeisen, Hauptgängen, Desserts und vielleicht sogar dem Spülbecken aus der Küche, was verkaufen Sie noch?

SERVICE natürlich!

Ja, Sie haben richtig gelesen! *Service*. Service ist unser unsichtbares Produkt. Im Gegensatz zu den meisten anderen Produkten können Sie es aber nicht an Ihre Gäste weitergeben, ohne es mit Aufrichtigkeit, Angebotskenntnis und Leidenschaft „zu verkaufen". *Service heißt verkaufen. Verkaufen heißt Service.*
Während das Sprichwort richtig besagt: „Behandle andere so, wie *du* behandelt werden möchtest", sollten Sie im Service lieber unser Motto beherzigen: *„Behandle deine Gäste so, wie sie behandelt werden möchten."*
Zwei Geschäftsleute beispielsweise erwarten einen anderen Service als eine junge Mutter mit zwei Kindern. Jeder Gast hat andere Wünsche. Es ist Ihre Aufgabe, diese herauszufinden und den Service zu bieten, der nicht nur die Erwartung des Gastes erfüllt, sondern sie sogar noch übertrifft.

„Das Gastgewerbe ist wie ein Tennismatch – der bessere Service gewinnt..."

Übung zur Selbsteinschätzung

Nun fragen wir Sie: Wie würden Sie Ihren Servicestandard bewerten? Bitte kreisen Sie in der folgenden Übung jeweils die 5 ein, wenn die linke Aussage die treffendste ist, und die 1, wenn die rechte Aussage zutrifft. Sollten Sie sich eher zwischen den Aussagen wiedererkennen, so kreisen Sie bitte die entsprechende Zahl zwischen 5 und 1 ein.

Natürlich lächle ich, wenn ich Kontakt mit Gästen habe.	5 4 3 2 1	Es kostet mich Mühe, zu lächeln.
Ich bleibe auch bei schwierigen Gästen immer freundlich.	5 4 3 2 1	Ich mag Leute nicht, die ihre Beherrschung verlieren.
Ich fühle mich auch unter fremden Leuten wohl.	5 4 3 2 1	Ich bin eher unbeholfen bei Leuten, die ich nicht kenne.
Ich gebe gerne Empfehlungen von der Speisekarte.	5 4 3 2 1	Ich lasse Gäste lieber selbst wählen, ohne sie zu drängen.
Ich glaube, von besseren Umsätzen profitieren alle.	5 4 3 2 1	Ich bin der Meinung, Verkaufen ist aufdringlich.
Ich freue mich, die Speisekarte in- und auswendig zu kennen – so kann ich bei der Wahl helfen.	5 4 3 2 1	Ich empfehle, wenn's sein muss, lass aber lieber die Speisekarte für sich sprechen.
Ich ändere mein Verhalten gerne, wenn dies vorteilhaft ist.	5 4 3 2 1	Ich bin perfekt, warum sollte ich mich ändern?
Ich denke, dass der Gast immer im Recht ist.	5 4 3 2 1	Ich denke, der Gast unterbricht mich bei der Arbeit.
Ich arbeite am besten als Mitglied in einem richtig guten Team.	5 4 3 2 1	Ich halte mich an die Regel: „Mach du deine Arbeit, ich mach meine."
Ich mag dieses Geschäft.	5 4 3 2 1	Ich suche mir einen „richtigen" Job.

GESAMTPUNKTZAHL: _____
(Addieren Sie bitte die eingekreisten Zahlen)

Die Auswertung

0 – 10   Sie sollten sich als Polizist bewerben. Bezahlung und Arbeitszeit sind auch nicht besser, aber der „Kunde" hat immer Unrecht.

11 – 20   Sie haben Potenzial, und mehr Training hilft Ihnen, es weiterzuentwickeln.

21 – 30   Nicht schlecht! Trotzdem noch Entwicklungsmöglichkeiten!

31 – 40   Noch die Feinabstimmung, und Sie sind auf dem besten Weg.

41 – 50   Für Sie gibt es keine Grenze, außer vielleicht den Himmel.

Ihr Chef strengt sich mächtig an, hat hohe Kosten und manchmal Nervenzusammenbrüche – das alles, um durch Werbung und Sonderaktionen die Aufmerksamkeit potenzieller Gäste auf Ihren Betrieb zu lenken. Diese Anstrengungen im externen Marketing werden dennoch nicht fruchten, wenn Gäste, die aus dem großen Angebot an Restaurants Ihres ausgewählt haben, schlechtem oder gleichgültigem Service ausgesetzt sind. Deshalb müssen die *internen* Anstrengungen, möglichst perfekten Service zu leisten, viel besser sein als das externe Marketing. Schlechter Service passiert von ganz alleine. Guter Service muss gemanagt werden.

Internes Marketing

Schlechter Service passiert von ganz alleine. Guter Service muss gemanagt werden.

An dieser Stelle ist es wichtig, den Unterschied zwischen der Aufgabe und dem Ziel des Gastgewerbes zu kennen.

> Die *Aufgabe* ist es, Gäste zu gewinnen, sie zufrieden zu stellen und möglichst zu Stammgästen zu machen.

> Das *Ziel* ist es, Gewinn zu erwirtschaften.

Viele Betriebe in dieser hart umkämpften Branche müssen leider manchmal die Erfahrung machen, dass ihr *Ziel*, Gewinn zu erwirtschaften, nicht erreicht wurde, weil sie ihre *Aufgabe* nicht erfüllen konnten, nämlich Gäste zu gewinnen und zu halten.
Dabei ist es nicht so schwer, neue Gäste durch externe Werbung und Marketing anzulocken. Ob diese Gäste dann aber gehalten werden, hängt maßgeblich davon ab, wie gut das interne Marketing ist – der Service. Denn die Entscheidung eines Gastes wieder zu kommen (und vielleicht sogar seine Freunde mitzubringen), hängt davon ab, wie er behandelt wird und wie er sich bei Ihnen als Gast fühlt. Dar-

an liegt es, ob der Betrieb, in dem Sie arbeiten, eine positive Mundpropaganda bekommt oder nicht.
Sehen Sie sich bitte die folgende Liste an. Kreisen Sie jedes Beispiel ein, das für *internes Marketing steht*.
(Bitte schreiben Sie direkt in dieses Arbeitsbuch)

- *Saubere Tische*
- *Die Namen der Gäste nennen*
- Großplakate an einer Hauptstraße
- *Lächeln*
- Gäste auf sich aufmerksam machen
- *Hilfreiche Empfehlungen geben*
- *Eine saubere, adrette Uniform*

- *Freundlicher Service*
- Werbeanzeigen
- Artikel in Zeitschriften
- *Stühle für die Gäste vorrücken*
- Außer-Haus-Aktionen
- *Speisekarten sauber halten*
- Ein 30-Sekunden-Radio-Spot

Alle kursiv geschriebenen Wahlmöglichkeiten stehen für internes Marketing.

Sie sind ein Werbestar

Werbung meint zwar Marketing: Zeitungen, Fernsehen und Radio, aber welche Werbung kann man mit Geld nicht kaufen? Positive Mundpropaganda! Und genau hier kommen Sie ins Spiel.

Wer ist dafür verantwortlich, Gäste in Ihr Restaurant zu locken? Tatsächlich ist es genauso *unsere* Verantwortung als Servicemitarbeiter wie es die Aufgabe des Managements ist. Wir alle tragen unseren Teil dazu bei, das Restaurant oder die Bar erfolgreich zu machen.

Mögen Sie nicht auch lieber eine volle anstatt eine halbvolle Station? Machen Sie nicht mehr Umsatz, wenn das Restaurant voll ist? Auch wenn das Trinkgeld nicht immer überaus üppig ausfällt, sind 10 Prozent von etwas besser als 10 Prozent von nichts! Schon gut, schon gut! Sie wissen ja, worum es geht. Marketing bedeutet:

Den Gast, den man bereits gewonnen hat, zu halten.

Mehr Gäste zu akquirieren, indem man auch deren Familien und Freunde für sich gewinnt.

Die Häufigkeit der Besuche zu erhöhen: Wie kann man Gäste, die siebenmal im Jahr ausgehen, dazu bringen, davon mindestens viermal zu Ihnen zu kommen?

Neue Gäste zu bewegen, mit ihren Freunden und Verwandten wieder zu kommen.

Also, was können wir als Servicemitarbeiter und Barkeeper tun, um mehr neue Gäste zu akquirieren und zu behalten?

Erstens, jedem einzelnen Gast den bestmöglichen Service bieten, denn Service ist unser unsichtbares Produkt.

Zweitens, unsere Augen und Ohren offen halten und Marketing-Ideen und -Aktionen anderer Betriebe verfolgen; berichten Sie Ihrem Manager davon, vielleicht kann Ihr Restaurant diese oder eine ähnliche Idee nutzen, um besser ins Geschäft zu kommen.

Drittens, betrachten Sie auch Ihre Familie und Freunde als Gäste. Stellen Sie sich selbst folgende Fragen, und geben Sie die Antworten bitte an Ihren Manager weiter:

- Wen kenne ich, der befördert wurde oder einen Abschluss zu feiern hat?
  (Die Feier könnte in Ihrem Restaurant stattfinden!)
- Wen kenne ich, der eine Feier oder Party plant?
  (Warum nicht in Ihrem Restaurant?)
- Wen kenne ich, der demnächst heiraten möchte?
  (Vielleicht wäre Ihr Restaurant der richtige Ort für die Feier oder die Junggesellenparty)

Das Wohlergehen unseres Betriebs und nicht zuletzt der Fortbestand unserer Arbeitsplätze hängt von ständiger Geschäftstätigkeit ab. Aus diesem Grund ist es äußerst wichtig, jedem Gast *SERVICE THAT SELLS!* zu bieten. Das bedeutet, zu denken und zu handeln wie ein Verkäufer, sein Angebot zu kennen, seinen Gästen und Teamkollegen mit Freundlichkeit und Begeisterung zu begegnen und – immer wieder – die „zkEs" anzubieten, diese „zusätzlichen kleinen Extras", die Ihren Gästen so gefallen. Auch bei Ihrem Trinkgeld wird sich dies nach und nach bemerkbar machen. Garantiert!

Die nun folgenden Strategien 14 bis 21 stellen Ihnen die Hauptzutaten für *SERVICE THAT SELLS!* vor:

14
Der Servicezyklus: 12 Momente der Wahrheit!

Gäste beurteilen die Servicequalität *immer* und *überall*, wenn sie mit Ihnen, Ihren Kollegen oder Ihrem Betrieb in Kontakt kommen. Innerhalb des Servicezyklus die 12 häufigsten Kontaktpunkte zwischen Servicemitarbeiter und Gästen zu kennen, hilft Ihnen, besseren Service zu bieten: Wir nennen sie „Momente der Wahrheit".
Die folgenden 12 Momente der Wahrheit basieren auf der Erfahrung eines Gastes, der ein klassisches Restaurant (Full-Service-Restaurant) besucht. Ihre Momente der Wahrheit mögen ein wenig davon abweichen oder fast identisch sein, Sie werden sie aber alle wieder erkennen können.

1. Erster Kontakt

Sie bekommen keine zweite Gelegenheit, einen guten ersten Eindruck zu machen. Der erste Eindruck bleibt haften! Im Normalfall kommt der erste Kontakt über das Telefon zustande. Ein Gast, der z. B. wegen der Wegbeschreibung anruft, sollte in einer angenehmen Stimmlage begrüßt werden und die gewünschte Wegbeschreibung (kurz und korrekt) sowie eine Zusammenfassung Ihrer anstehenden Aktionen bekommen. Unser besonderer Rat? Lächeln Sie, während Sie am Telefon sprechen, so klingen Sie viel freundlicher. Lassen Sie Ihre Gäste auch nicht in der Warteschleife „hängen". Weitere Fragen, die Gäste häufig am Telefon stellen und die Sie beantworten können sollten, sind:

„Können Sie mir etwas über Ihr Speiseangebot sagen?"
„Kann ich bei Ihnen reservieren?"
„Was steht auf der Tageskarte?"

2. Der Eingangsbereich

Stellen Sie sich vor, *Sie* betreten das Restaurant. Wie ist Ihr erster Eindruck? Liegt auf dem Weg zur Eingangstür Müll oder Gerümpel? Sind Glühbirnen defekt? Liegen im Eingangsbereich Zigarettenstummel, Papier, schmutzige Servietten oder sonstiger Unrat herum? Bitte räumen Sie alles weg, bevor ein Gast darauf aufmerksam wird. Wenn ein Gast so etwas bereits an den öffentlichen Plätzen des Restaurants entdeckt, fragt er sich natürlich, wie es wohl in der Küche aussieht.

3. Die Begrüßung

Manchmal ist die erste Person, auf die ein Gast in einem klassischen Restaurant trifft, der Gastgeber oder die Hostess. Der Gastgeber oder die Hostess sollte sich niemals hinter dem Empfangspult verstecken. Denn ihre Aufgabe ist es, ankommenden Gästen die Tür aufzuhalten, sie mit einem Lächeln zu begrüßen, sich nach ihren Namen zu erkundigen und die Namen später auch zu benutzen. Um spätere Verkäufe vorzubereiten, sollten die Gäste bereits beim Platzieren durch den Gastgeber oder die Hostess auf Tagesspezialitäten und Angebote aufmerksam gemacht werden.

4. Die Bar oder Lounge

Barkeeper sollten neue Gäste sofort wahrnehmen und anlächeln, sobald sie an die Bar kommen und nicht erst noch Gläser spülen, die schon seit 2 Stunden im Spülbecken stehen! Ein Barkeeper muss sein Angebot sowie die Möglichkeiten des smarten Verkaufens kennen. Sauberkeit ist natürlich auch hier oberstes Gebot. Ist die Bar sauber und aufgeräumt? Sind Bier-, Wein- und Spirituosenflaschen gut sichtbar ausgestellt und staubfrei? Riecht der Abfluss der Schankanlage sauer? Wann wurde die Bar das letzte Mal richtig abgewaschen? Barkeeper sollen Gäste in Kauf- und Konsumlaune versetzen und Snacks oder Vorspeisen empfehlen. Dabei gilt stets der Grundsatz, neue Gäste nicht zu ignorieren und nicht zu viel Zeit mit „Stammgästen" zu verbringen.

5. Der Tisch

Sind Ihre Tische stabil, oder „tanzen" sie Rock and Roll? Achten Sie darauf, dass kein Tisch wackelt. Gleichen Sie wackelnde Tischbeine mit einem Steichholzbriefchen oder einer Korkscheibe aus. Achten Sie bitte auch darauf, dass Speisekarten, Tischaufsteller, Menagen und andere Utensilien nicht klebrig, sondern sauber und in gutem Zustand sind. Tisch- und Stuhloberflächen sollten gründlich abgewischt sein. Hassen Sie es nicht auch, an einem Tisch zu sitzen und Ihre Hand landet in einer mysteriösen Masse, die ein nachlässiger Servicemitarbeiter vergessen hat zu beseitigen? Eingetrocknete Flecken, Brotkrümel und verklebte Salzstreuer regen nicht dazu an, ein Restaurant wieder zu besuchen.

6. Der Commis

Commis sollten lächeln und freundlich sein. Wenn ein Gast nach den Toiletten fragt, sollten sie freundlich mit der ganzen Hand weisen und nicht nur mit dem Daumen in die ungefähre Richtung zeigen (am besten geht der Commis sogar ein Stück des Weges voran). Auch sollten sie niemals eine Station oder die Küche „freihändig" verlassen, sondern stets etwas mitnehmen: Mit vollen Händen rein, mit vollen Händen raus! Seinen Arbeitsbereich immer sauber und ordentlich halten – das zeichnet den Profi aus. Nicht zuletzt ist es der Commis, der mit umsichtiger Behandlung von Geschirr und Gläsern das Kostenmonster in Schach hält.

7. Die Servicemitarbeiter

Wie schon gesagt, sollten sich Servicemitarbeiter als serviceorientierte Verkäufer sehen und nicht als Ordertaker. Man kann Ordertaker schon von weitem an der Art und Weise erkennen, wie sie ihre Gäste begrüßen: „Bestellen?" oder „Fertig?" sind für sie typische Formulierungen. Ein Verkäufer führt seine Gäste durch die Speisekarte, gibt Empfehlungen und bestätigt die Wahl seiner Gäste. Auch ist es wichtig für sie, etwas über ihre Gäste zu erfahren: Woher sie kommen, was sie arbeiten und, am wichtigsten, ihre Namen. Haben Sie ihn einmal erfahren, behalten und benutzen Sie ihn auch! (Sie werden später in diesem Buch lernen, sich selbst in dieser Fähigkeit zu übertreffen.)

8. Der Manager Manager sollten stets für Servicemitarbeiter und Gäste *sichtbar* sein und aktiv am Geschehen teilnehmen. Die Gäste in ihrer Bar oder im Restaurant begrüßen, besonders diejenigen, die zum ersten Mal zu Gast sind; Getränke und Speisen empfehlen und auf Sonderaktionen aufmerksam machen. Manager geben für ihre Mitarbeiter den Ton an. Auch sie sind Verkäufer und deshalb *Vorbild* für alle Servicemitarbeiter.

9. Die Küche Versichern Sie sich nach den ersten zwei Bissen (nicht nach 2 Minuten), ob Ihre Gäste mit den Speisen zufrieden sind. Und da Sie sich schon am Tisch befinden, erfragen Sie mögliche Zusatzwünsche wie z. B. Senf, ein weiteres Messer, mehr Servietten – bevor Gäste danach fragen müssen. Wenn ein Gast – aus welchen Gründen auch immer – sein Essen zurückgibt, bieten Sie den anderen Gästen am Tisch an, ihre Speisen ebenfalls in die Küche zurückzubringen und warm stellen zu lassen, bis die Reklamation behoben ist. Auf diese Weise können alle gemeinsam essen. Ihre Gäste werden dies zu schätzen wissen und sehen, dass alle daran interessiert sind, das Beste aus der Situation zu machen. Wenn es Ihre Geschäftsführung erlaubt, handeln Sie bitte nach der Serviceregel „Plus Eins". Das bedeutet, dass die reklamierte und ersetzte Speise nicht berechnet und zusätzlich noch ein Dessert gratis oder ein Gutschein für den nächsten Besuch ausgegeben wird.

10. Toiletten und Waschräume Warum müssen wir unsere Toiletten und Waschräume sauber halten? Weil alles mit Verkauf zu tun hat! Ein sauberer Waschraum ist ein Zeichen für ein sauberes Restaurant, und in einem hygienischen Umfeld wird mehr verzehrt. So einfach ist das. Es macht sich nicht gut, Gästen ein Dessert vorzuschlagen, die gerade von einer schmuddeligen Toilette zurückgekommen sind. Kontrollieren Sie bitte regelmäßig die Toilettenräume und sorgen Sie dafür, dass die Oberflächen gewischt sind, kein Papier herumliegt und sich keine Wasserpfützen ansammeln. Der Gesamteindruck sollte sein wie in der Meister-Proper-Werbung.

11. Das Präsentieren der Rechnung

Das Präsentieren der Rechnung, während Sie den Gästen für den Besuch danken, ist *der* Moment der Wahrheit schlechthin. Warum? Weil Sie die vorigen 10 „Momente der Wahrheit" perfekt gemeistert haben können, nur um nun wieder alles zunichte zu machen: Weil Sie die Rechnung zu langsam fertig haben oder, noch schlimmer, zu lange brauchen, um zu kassieren und dem Gast sein Wechselgeld oder den Kreditkartenbeleg zurückzubringen. Bringen Sie nie die Rechnung, nur um dann hinter den Kulissen zu verschwinden und Nebensächlichkeiten zu erledigen. Denken Sie daran: *Rechnung präsentieren = sich selbst präsentieren!* Denn jetzt wird über die Höhe Ihres Trinkgeldes entschieden.

12. Der Abschied

Das ist der letzte kritische Schritt des internen Marketings. Die eigentliche Verabschiedung hat zwei Ziele: Den Gästen Dank und Anerkennung für den Besuch entgegenzubringen und sie zum nächsten Besuch einzuladen. Zum Beispiel so: „Vielen Dank, Frau Müller, wir freuen uns schon auf Ihren nächsten Besuch." So werden Ihre Gäste lächelnd das Restaurant verlassen und dabei Ihren ankommenden Gästen ein Gefühl von freudiger Erwartung vermitteln.

Als kleine Wiederholung bitten wir Sie, den folgenden Servicezyklus auszufüllen. Sie können die vorangegangenen Schritte direkt von uns übernehmen oder aber andere einfügen, die für Ihren Betrieb charakteristischer sind.
(Bitte schreiben Sie direkt in das Arbeitsbuch)

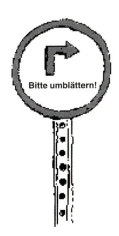
Bitte umblättern!

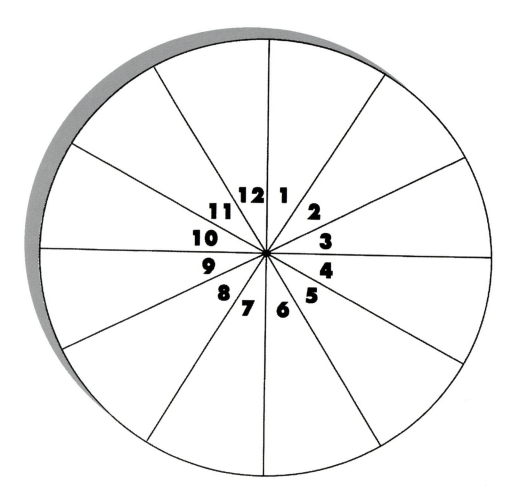

Jetzt, nachdem Sie die Unterschiede und Gemeinsamkeiten zwischen Ihrem Servicezyklus und unserer Version herausgefunden haben, lassen Sie uns das perfekte Serviceverhalten nochmals gemeinsam erkunden. Was müssen Sie an jedem einzelnen Kontaktpunkt für Ihre Gäste tun, um ihnen ein positives Serviceerlebnis zu vermitteln?
(Bitte schreiben Sie direkt in die Leerzeilen)

Erster Kontakt: Wie sollte Ihre Stimme am Telefon klingen?

Der Eingangsbereich: Wie können Sie helfen, den Eingang Ihres Betriebs sauber und ordentlich zu halten?

Die Begrüßung: Was kann man tun, um den optimalen Grundstein für spätere Verkaufserfolge zu legen?

Die Bar: Wie macht der Barkeeper aus „neuen Gästen" „Stammgäste"?

Der Tisch: Was sollten Sie alles zusätzlich reinigen, wenn Sie einen Tisch abwischen?

Der Commis: Wie sollte dem Gast der Weg zu den Toilettenräumen gezeigt werden?

Die Servicemitarbeiter: Was ist der Unterschied zwischen einem Verkäufer und einem Ordertaker?

Der Manager: Warum sollten Manager für Gäste und Servicemitarbeiter sichtbar sein?

_____
_____
_____

Die Küche: Wann sollten Sie sich nach dem Servieren der Speisen nach der Zufriedenheit Ihrer Gäste erkundigen?

_____
_____
_____

Toiletten und Waschräume:
Warum ist es wichtig, die Toiletten sauber zu halten?

_____
_____
_____

Das Präsentieren der Rechnung: Was sollten Sie tun, nachdem Sie die Rechnung übergeben haben?

_____
_____
_____

Der Abschied: Was können Sie tun, damit Ihre Gäste gut gelaunt und lächelnd das Restaurant verlassen?

_____
_____
_____

Dies ist der Servicezyklus aus der Sicht der Servicemitarbeiter – aus der Sicht des Gastes kann man ihn in 5 kurzen Regeln zusammenfassen, lassen Sie uns diese näher betrachten.

15
Die 5 Schritte zu ausgezeichnetem Service

Erinnern Sie sich an die 1. Strategie (Verhalten kontra Einstellung)? Die folgenden 5 Regeln machen für den Gast das ausgezeichnete Serviceerlebnis aus. Lesen Sie diese, und profitieren auch Sie ab heute davon!

1. Regel: Schau mich an

Bitte halten Sie immer Augenkontakt, wenn Sie Gäste begrüßen oder bemerken, dass sie auf einen freien Tisch warten. Dieser Augenkontakt bestätigt Ihre Aufmerksamkeit und die Wichtigkeit der Gäste – sie fühlen sich wohl. Fehlender Augenkontakt verbreitet Misstrauen und das unangenehme Gefühl, ignoriert zu werden.

2. Regel: Lächle mich an

Untersuchungen zeigen, dass wir uns schon innerhalb der ersten 30 Sekunden ein Bild von einem Menschen machen. Sie können sich also vorstellen, was passiert, wenn Sie einen Gast mit Stirnrunzeln („Ich bin genervt"), einem verzweifelten Gesichtsausdruck („Ich stecke im Sumpf") oder mit einem desinteressierten Ausdruck („Sie stören mich bei der Arbeit") begrüßen. Jedem Gast ein Lächeln zu schenken zeigt, dass Sie Interesse haben und guten Service leisten werden. Verlieren Sie niemals Ihr „Bühnenlächeln" vor den Gästen! Übrigens, guter Service gelangt sogar durch das Telefon! Denn das Lächeln macht auch Ihre Stimme freundlicher.

3. Regel: Sprich mit mir

Lassen Sie uns jetzt über ein Thema sprechen, an dem alle Menschen interessiert sind und immer sein werden: SIE SELBST! Natürlich wissen Sie, dass Sie mit Ihren Gästen sprechen sollten. Aber worüber? Viele von ihnen haben Sie nie zuvor gesehen. Hier sind Themen, mit denen Sie *alle* Gäste zum Auftauen bringen. Ein guter Servicemitarbeiter weiß sie anzusprechen und damit bei seinen Gästen positive Reaktionen hervorzurufen.

Die Speisekarte: „Haben Sie schon unsere berühmte Tomatensuppe probiert?"
Die Beschäftigung: „Was machen Sie beruflich?"
Der Sport: „Was sagen Sie zum letzten Formel-1-Rennen?"
Die Kinder: „Wie heißen denn Ihre Kinder?"
Das Wetter: „Ist es nicht unglaublich heiß heute?"

Schreiben Sie eine Formulierung auf, die Sie benutzen, um „das Eis zu brechen".
_____
_____
_____

4. Regel: Höre mir zu

Genauso wichtig wie mit den Gästen über sie oder das Speiseangebot zu sprechen, ist es, genau zuzuhören, was die Gäste Ihnen antworten. Menschen sprechen nicht nur gerne, sie möchten auch, dass man ihnen zuhört. Im Kontakt mit jedem Gast liegen zahlreiche versteckte Service- und Verkaufsgelegenheiten – alles, was Sie machen müssen, ist zuhören.

Hier ist eine Unterhaltung zwischen zwei Gästen, die ein Barkeeper mitgehört hat. Schauen Sie, ob Sie eine Service- und Verkaufsgelegenheit bemerken, die der Barkeeper verpasst.

Gast A: „Wollen wir hier zu Abend essen oder uns etwas beim Spiel besorgen?"
Gast B: „Weiß nicht. Ich hab jetzt schon etwas Hunger."
Barkeeper: „Zu welchem Spiel gehen Sie denn?"
Gast A: „Zum Endspiel ins Fußballstadion."
Barkeeper: „Toll, da würde ich auch gerne hingehen. Sicher möchten Sie gleich zahlen, oder?"

Wo läuft hier der Hase falsch? Am Anfang war der Barkeeper nicht schlecht, er hörte den Gästen zu und sprach mit ihnen. Dann aber *verpasste* er seine Chancen. Man überhört leicht einfache Hinweise und Stichwörter, die auf einen möglichen Verkauf hindeuten. Hätte dieser Servicemitarbeiter *aktiv zugehört,* anstatt *nur passiv zu hören,* hätte er wahrscheinlich zwei Vorspeisen oder sogar eine Hauptspeise zum Teilen empfohlen. Lassen Sie uns diese Szene deshalb wiederholen.

STOPP!

DAS hätte der Barkeeper sagen sollen:

Hören Sie den Unterschied? Überprüfen Sie *Ihr* aktives Zuhören. Bitte lesen Sie die folgende Unterhaltung, und schreiben Sie auf, was Sie sagen würden:
Gast: „Kaffee hört sich gut an, aber ich möchte nicht die ganze Nacht wach liegen."
*Sie:*_____

Gast: „Dessert? Danke, aber ich bin schon ziemlich satt."
*Sie:*_____

Zwei Frauen sitzen an Ihrem Tisch. Sie bekommen Folgendes mit:
A: „Hast du Hunger?"
B: „Ein bisschen. Ich war schon im Aerobic heute Mittag."
A: „Schön für dich. Ich verhungere gleich."
*Sie:*_____

**5. Regel:
Danke mir**

Gäste sehen es gerne gewürdigt, dass sie Ihnen Umsatz bringen. Also sagen Sie „Danke schön", und sprechen Sie sie, wann immer es möglich ist, mit ihrem Namen an. Gäste zeigen ihre Dankbarkeit in Form von Trinkgeld. Schreiben Sie bitte in die folgenden Zeilen, was Sie sagen würden, wenn Gäste eine Rechnung bezahlen:

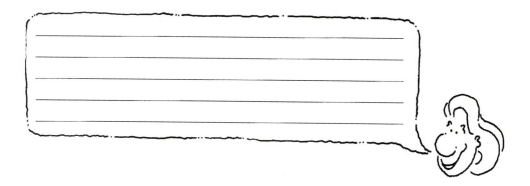

Hier nun die „zkEs": Sie wissen schon: zusätzliche, kleine Extras für ausgezeichneten Service:

- Öffnen Sie die Tür für ankommende und gehende Gäste.
- Lernen und verwenden Sie die Namen Ihrer Gäste.
- Bieten Sie Sitzplätze an, indem Sie den Stuhl hervorziehen.
- Hängen Sie die Garderobe der Gäste auf.
- Behandeln Sie jeden Gast mit dem Respekt und der Wertschätzung, mit der Sie auch Ihre Großeltern behandeln würden.
- Seien Sie besonders den Gästen gegenüber aufmerksam, die alleine kommen, indem Sie ihnen z. B. eine Zeitung anbieten. Das wird ihren Aufenthalt noch angenehmer machen.

Es ist eine Sache, diese 5 Regeln für ausgezeichneten Service zu kennen – eine andere Sache, sie auch dann anzuwenden, wenn viel los ist und Ihnen die Zeit davonläuft. Aber keine Angst! Die nächste Servicestrategie gibt die Antwort.

16
Die „B 135"

Stellen Sie sich Ihre Arbeit vor, als ob Sie Ihre Gäste täglich auf einer Straße des Vergnügens und der Zufriedenheit entlangführen. *Sie* wissen, wie Sie fahren müssen, um den richtigen Weg bei all den Kreuzungen und Abfahrten zu nehmen – *die Gäste* wissen dies möglicherweise nicht. Deshalb gibt es ja Sie.

Aber manchmal können sogar Sie die Orientierung verlieren, besonders wenn Sie bereits drei vollbesetzte Tische haben, ein Gast sein Essen reklamiert und zwei weitere Tische gerade neu besetzt werden. Keine Panik! Hilfe naht! Nehmen Sie einfach die „B 135", die Straße zu besserem Service und zu höherem Umsatz. Folgendes ist damit gemeint:

B Begrüßen Sie neue Gäste. Lächeln Sie sie an, auch wenn Sie sehr beschäftigt sind. Legen Sie jedem von ihnen einen Bierfilz oder eine Cocktailserviette auf den Tisch und sagen Sie: „Ich bin gleich für Sie da!" Merken Sie sich für diese Gelegenheit bitte diese drei Worte: „Charmant unter Stress".

1 Versuchen Sie bitte, die erste Getränkebestellung innerhalb der ersten Minute aufzunehmen. 60 Sekunden hören sich nicht nach einer langen Zeit an, oder? Für einen Gast sind sie eine Ewigkeit. Probieren Sie's! Zählen Sie laut bis 30.
Eins, zwei, drei, vier, fünf, sechs, sieben, acht, neun ... Sehen Sie, was wir meinen?

3 Servieren Sie die Getränke. Empfehlen Sie eine Auswahl von Vorspeisen innerhalb von 3 Minuten.

5 Seien Sie bitte innerhalb von 5 Minuten zurück am Tisch, um eine mögliche zweite Getränkebestellung und die Vorspeisenbestellung aufzunehmen.

Alles klar? Bitte füllen Sie die Zeilen aus!

B: _____
1: _____
3: _____
5: _____

Haben Sie alles richtig? Dann lassen Sie uns weitergehen zum Namensspiel…

17
Das Namensspiel

Was Sie unbedingt tun sollten, um Ihren Service zu verbessern und Ihren Umsatz zu erhöhen, ist Folgendes: Lernen und verwenden Sie die Namen Ihrer Gäste, wann immer es geht. Die meisten Gäste haben es gerne, wenn man sie während des Service mit Namen anspricht. Auch so macht man aus Gästen „Stammgäste".

Hier sind einige Beispiele, wie Sie die Namen Ihrer Gäste lernen, behalten und sie verwenden können:

Stellen Sie sich selbst vor und fragen Sie (wenn möglich) nach dem Namen Ihrer Gäste.

(„Guten Tag, mein Name ist Nicole – wie darf ich Sie anreden ...?")

Sprechen Sie den Gästenamen bei der ersten Gelegenheit laut aus:

„Gerne, Herr Leonhardi, was darf ich Ihnen zu trinken bringen?"

Wiederholen Sie den Namen leise dreimal, ohne Ihre Lippen zu bewegen!

Verwenden Sie den Namen regelmäßig: „Hatten Sie schon Gelegenheit, sich unsere Speisekarte anzuschauen, Herr Leonhardi?"

Fragen Sie ruhig auch (wenn es in die Situation passt), was Ihre Gäste arbeiten. Verbinden Sie dann in Gedanken den Namen mit dem Arbeitsplatz.

Sie können den Gastnamen auch von der Kreditkarte ablesen: „Hier ist Ihr Kreditkartenbeleg, Herr Götz. Wir freuen uns auf Ihren nächsten Besuch!"

Denken Sie immer daran, dass Sie doch auch lieber dahin gehen, wo man Sie kennt und mit Namen anspricht, oder?

Wie gut ist Ihr Namensgedächtnis? Schauen Sie sich bitte die Leute auf den fünf Bildern auf der nächsten Seite an. Versuchen Sie, sich ihre Namen einzuprägen. Wir werden Ihr Namensgedächtnis später testen.

Elmo   **Herr Müller**   **Frau Wolf**

Alice   **Thomas**

18
Der erste Eindruck zählt

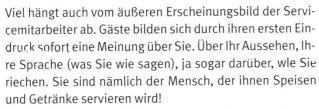

„Schönheit mag nur oberflächlich sein, aber eine adrette Erscheinung hilft, das Trinkgeldsparschwein zu füllen."
Altes chinesisches Sprichwort

Viel hängt auch vom äußeren Erscheinungsbild der Servicemitarbeiter ab. Gäste bilden sich durch ihren ersten Eindruck sofort eine Meinung über Sie. Über Ihr Aussehen, Ihre Sprache (was Sie wie sagen), ja sogar darüber, wie Sie riechen. Sie sind nämlich der Mensch, der ihnen Speisen und Getränke servieren wird!
Also, seien Sie stolz auf Ihr Aussehen und geben Sie sich Mühe damit! Hier sind einige wichtige Grundsätze. Kreuzen Sie bitte die Aussagen an, die Sie im Griff haben und schon beachten. Im Abschnitt „Beurteile dich selbst" gehen Sie bitte auf die Bereiche ein, in denen Sie sich noch verbessern können. Seien Sie dabei ehrlich zu sich selbst.

- ☐ **Halten Sie Ihre Arbeitskleidung sauber!**
  Flecken auf Schürzen und Hemden sind meistens auf Augenhöhe der Gäste.

- ☐ **Benutzen Sie nicht zu viel Schminke und Parfüm (Rasierwasser, Creme usw.)!**
  Service ist ein besserer Weg, um Aufmerksamkeit zu erzeugen.

- ☐ **Tragen Sie nicht zu viel Schmuck!**
  Er kann Keime von Personen auf Lebensmittel übertragen.

- ☐ **Fassen Sie Gläser nicht am Trinkrand an!**
  Über die Hände werden die meisten Keime übertragen.

☐ **Halten Sie Ihre Fingernägel sauber!**
Gäste sehen Ihre Hände aus nächster Nähe.

☐ **Achten Sie darauf, dass Sie nicht mit Ihren Händen durch das Haar oder den Bart (wenn vorhanden) streichen!**
Schon gar nicht, wenn Sie mit Speisen zu tun haben.

☐ **Versuchen Sie in jedem Dienst so gut auszusehen, als ob Sie zu Ihrem ersten Rendezvous gingen!**

☐ **Während des Dienstes keinen Kaugummi kauen!**
Das gehört sich einfach nicht.

☐ **Versichern Sie sich, dass Ihr Atem frisch ist!**
Ein weiser Mann hat einmal gesagt: „Lehne niemals das dir angebotene Pfefferminzbonbon ab. Es könnte einen Grund haben, dass man es dir anbot!"

Beurteile dich selbst In welchem Bereich könnten Sie sich noch verbessern?

_____
_____
_____
_____

19
Zum ersten Mal Ihr Gast?

Wäre es nicht toll, sofort zu erkennen, welche Gäste Ihre Bar oder Ihr Restaurant zum ersten Mal besuchen? So könnten Sie detaillierter auf die Speisekarte eingehen und ein kleines bisschen mehr tun, um den Besuch bei Ihnen so angenehm wie möglich zu gestalten.

Eigentlich ist es ganz einfach, wenn Sie die richtige Frage stellen. Fragen Sie nicht: „Waren Sie schon mal bei uns?" Wenn ja, wäre das nur peinlich. Stattdessen sollten Sie fragen: „Sie waren schon mal zu Gast bei uns, nicht wahr?" Diese Begrüßung wird eine von zwei möglichen Antworten bewirken: „Ja, wir waren" oder „Nein, wir waren noch nicht." Mit diesem Wissen können Sie nun Ihr weiteres Verkaufsgespräch führen. Wenn die Gäste noch nie in Ihrem Restaurant waren, dann schreiben Sie hier bitte ein Getränk und zwei Speisen auf, welche die Gäste Ihrer Meinung nach versuchen sollten:

Getränk _____

1. Speise _____

2. Speise _____

Nennen Sie uns hier bitte einige Dinge, die Sie tun könnten, um diese neuen Gäste zu verwöhnen. Überlegen Sie sich 10 Ideen. Schreiben Sie diese nun von unten nach oben in die Leerzeilen.
(Bitte schreiben Sie direkt in Ihr Arbeitsbuch)

10. _____
     _____

9.   _____
     _____

8.   _____
     _____

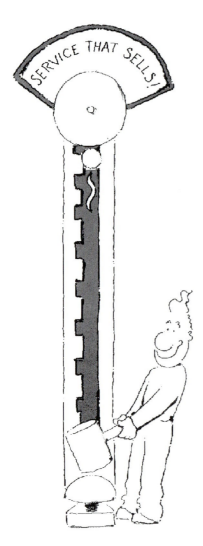

7. _____
6. _____
5. _____
4. _____
3. _____
2. _____
1. _____

Hat es geklingelt? Wenn ja, sind Sie bereit zu lernen, wie man den Sumpf vermeidet.

20
Nicht im Sumpf landen

Sind Sie jemals im „Sumpf" gelandet? An diesem für Restaurants so charakteristischen Ort, wo alles außer Kontrolle gerät, man hoffnungslos mit den Armen zappelt, aber trotzdem absäuft, weil man in kopfloser Panik umherirrt und sich nichts sehnlicher wünscht als einen anderen Job: Uahhhhhhhhhhah!

Der Sumpf! Das ist der Alptraum jedes Servicemitarbeiters. Im Gegensatz zu den meisten Alpträumen können Sie aus diesem allerdings nicht einfach aufwachen, denn er passiert wirklich – jeden Tag, irgendwo; dann, wenn es ein Ordertaker am wenigsten vermutet. Sie kennen vielleicht dieses Gefühl. Wir hatten es alle schon ..., es ist das Gefühl, mit einem Fuß auf einer Bananenschale auszugleiten, während der andere hilflos in der Luft herumrudert!

Wer darunter leidet? Jeder: Die Gäste sehen sich einem panischen, hektisch stotternden Sumpfmonster ausgesetzt und schwören sich, niemals wieder einen Fuß in dieses Restaurant zu setzen. Das Unternehmen, denn der schlechte Service führt zu niedrigen Umsätzen und weniger Gästen. Das Schlimmste an alledem ist, dass Ordertaker normalerweise auch noch die Gäste für ihre Misere verantwortlich machen.

Ja, ein Ordertaker verbringt mehr Zeit im Sumpf als ein Alligator in den Everglades.

Wollen Sie die Gründe wissen? Hier sind sie, weil

– Ordertaker warten, bis sich die Gäste endlich entscheiden, ohne dass sie ihnen Hilfestellung oder Empfehlungen geben, sondern nach dem Motto „Lassen Sie sich Zeit, ich komme gleich wieder" verfahren;

– Ordertaker nicht auf die Fragen der Gäste nach spezifischen Speisen oder Getränken antworten können, außer vielleicht mit „Bei uns schmeckt alles gut";

– Ordertaker Gäste nicht gleich nach vielleicht noch benötigten Dingen fragen (z. B. extra Besteck, Salzstreuer,

Servietten) oder sogar die Getränke vergessen: „Ach, bringe ich sofort …";

– Ordertaker ausschließlich reagieren, anstatt vorausschauend zu agieren und deshalb nichts im Griff haben.

Was ist das Geheimrezept, um nicht zu versumpfen und im Geschäft zu bleiben?
B. V. P. A.

B eobachten
V orausschauen
P rioritäten setzen
A gieren

Beobachten Haben Sie immer Ihre Station und Ihre Gäste im Blick. Schauen Sie herum, wer etwas benötigt und wann. Beobachten Sie die Gesichter Ihrer Gäste. Entnehmen Sie ihrer Mimik, ob sie etwas brauchen.

Vorausschauen Wenn Sie auf neue Gäste an einem Ihrer Tische zugehen, nehmen Sie deren Wünsche vorweg und fragen Sie: „Darf ich Ihnen schon Getränke vorab servieren? Ein Glas Wein, ein Bier oder einen unserer wunderbaren Cocktails?" (Dabei zeigen Sie auf den einladenden Tischaufsteller.) Versuchen Sie, Vorschläge zu machen, bevor der Gast nachfragen muss.

Prioritäten setzen Welcher Tisch braucht Sie jetzt am dringendsten? Welcher danach, welcher als dritter? Wenden Sie sich bitte immer zuerst den neuen Gästen zu, sie könnten sonst verunsichert sein und sich unbeachtet fühlen. Weitere Personen, denen Vorrang zu geben ist, sind Gäste mit Reklamationen; Gäste, die gerade ihr Essen bekommen haben (versuchen Sie, vor dem zweiten Bissen bei ihnen am Tisch zu sein); und schließlich Gäste, die gerne bezahlen möchten.

Nicht nur reagieren. Wie? Durch suggestives Verkaufen. **Agieren**
(Lesen Sie bitte noch einmal im ersten Teil, wenn Sie die
Fakten von „Die Kunst des smarten Verkaufens" auffrischen möchten.)

Es ist kein Wunder, dass Servicemitarbeiter so leicht im Sumpf landen. Das Ungewöhnliche an unserem Gewerbe, dem Gastgewerbe ist, dass man sich nie ausschließlich in der „Gegenwart" befinden darf, wenn man nicht im Sumpf landen möchte. Denn immer muss man beachten, wo man gerade war, was man gerade im Augenblick zu tun hat und was als Nächstes zu tun ist, damit man nicht den Überblick verliert!

> *Sie müssen immer beachten, wo Sie gerade waren, was Sie gerade getan haben und was Sie als Nächstes tun müssen.*

Hier ist eine Liste von einigen Tätigkeiten, die ein Servicemitarbeiter in seiner Station zu erledigen hat. Lesen Sie bitte die Liste durch:

- Vorspeisen empfehlen
- Weinflaschen öffnen
- Bestellungen aufnehmen
- Bestellungen bonieren
- Getränke holen
- Die Arbeitsschritte koordinieren
- Fragen beantworten

- Neue Gäste begrüßen
- Aschenbecher wechseln
- Tisch eindecken
- Tagesspezialitäten anbieten
- Rechnungen präsentieren
- Wechselgeld herausgeben
- Gefallenes Besteck ersetzen
- Desserts empfehlen
- Kreditkartengerät bedienen
- Speisen aus der Küche holen
- Gäste beim Namen nennen
- Cocktailbestellungen aufnehmen
- Brot anbieten und auffüllen
- Getränke von der Bar holen
- Suppen, Salate, Vorspeisen servieren
- Büfett auffüllen
- Hauptspeisen servieren
- Tische abräumen
- Zeitliche Reihenfolge beachten
- Cocktails bestellen
- Kaffeesahne bringen
- Teller leeren
- Besteck von den Tellern trennen
- Schmutzige Servietten ersetzen
- Reklamationen behandeln
- Neue Gästenamen einprägen
- Weine empfehlen
- Menagen säubern und auffüllen ...

Wundern Sie sich etwa, warum Sie am Ende Ihrer Schicht immer so müde sind?

Denken Sie einmal kurz an die schlimmste Erfahrung, die Sie jemals im „Sumpf" hatten. Schreiben Sie sie hier kurz auf:

_____
_____
_____
_____
_____
_____

Nehmen Sie jetzt eine Kopfschmerztablette und wenden Sie das an, was Sie gelernt haben. Schreiben Sie bitte in die Leerzeilen, was Sie damals hätten *anders machen können*, um nicht im Sumpf zu landen, sondern im Geschäft zu bleiben.
(Bitte schreiben Sie direkt in das Arbeitsbuch)

_____
_____
_____
_____
_____
_____

Ihre Bar oder Ihr Restaurant kann den besten Service der Stadt liefern und suggestiven Verkauf vorbildlich anwenden, doch es wird sich nicht lohnen, wenn Ihre Kosten außer Kontrolle geraten. Wie können wir also das weltweit gefürchtete Kostenmonster im Griff behalten? Das lesen Sie im nächsten Abschnitt.

Berühmte Leute, die als Servicemitarbeiter oder Barkeeper gearbeitet haben

Paul Newman	Mariah Carey
Al Pacino	Sting
Robert Redford	Bruce Willis
Steve Martin	Raquel Welch
Dustin Hoffman	Keanu Reeves
Michelle Pfeiffer	Jim Belushi
Marilyn Monroe	Dan Aykroyd
Cyndi Lauper	Jack Nicholson
Diana Ross	Bill Cosby

21
Das Kostenmonster bändigen

„Umsatz zu machen ist das Wichtigste. Weniger Geld zu verlieren ist genauso wichtig."
Frei nach Bill Gates

Ein weiterer wichtiger Aspekt beim Service, den aber leider viele Servicemitarbeiter übersehen, ist, zu beachten, was im Müll landet. Denn nicht alles, was diesen Weg geht, ist wirklich Abfall (unbenutzte Portionspackungen, Stoffservietten, Besteckteile …). Mehr Aufmerksamkeit hilft, die Kosten des Betriebs niedrig zu halten, was bewirkt, dass die Preise nicht erhöht werden müssen. Das bringt mehr Gäste und schafft ein gutes Preisgefüge. Und, nicht zu vergessen, es bedeutet die Sicherung der Arbeitsplätze und mehr Trinkgeld.

Haben Sie jemals für ein Restaurant gearbeitet, das Pleite gegangen ist? Im Gegensatz zu dem, was Sie hören oder vielleicht glauben, werden durch schlechtes Essen, schlechte Hygiene oder falschen Standort kaum Restaurants geschlossen. Restaurants schließen nur aus einem einzigen Grund: Sie haben ihre Kosten nicht im Griff!

Aus diesem Grund sind Kostenkontrolle, Abfallvermeidung und Abfallkontrolle so wichtig.

Wussten Sie, dass im Restaurantgeschäft der durchschnittliche Gewinn an 1 Euro nur 10,6 Cent beträgt? (Laut einer Untersuchung des Deutschen Hotel- und Gaststättenverbandes.) Das ist die Wahrheit! Sie und Ihre Kollegen können den Umsatz steigern wie Sie wollen, wenn aber die Kosten zu hoch sind, sinken unweigerlich die Gewinne.

1 Euro
und was davon
durchschnittlich bleibt …
nach Lieferanten, Miete, Strom, Wasser,
Gehältern, Werbung, Versicherungen …

10,6 Cent!
(vor Steuern)

Wenn die Gewinne sinken, geht das Restaurant langsam unter und mit ihm die Arbeitsplätze. Es ist also nicht genug, nur zu verkaufen und guten Service zu bieten, wir müssen auch darauf achten, was wir wegwerfen.

Stellen Sie sich bitte dieses Beispiel vor: Lassen Sie uns annehmen, dass Ihr Restaurant etwas besser abschneidet als der Durchschnitt. Ihr Restaurant macht 12 Cent Gewinn an jedem Euro. Sie verkaufen ein Steak mit Pommes für 10 Euro. Das bedeutet einen Gewinn von 1,20 Euro. Jetzt muss Ihr Betrieb diesen Gewinn noch versteuern.

Kommen Sie noch mit? Gut.

Lassen Sie uns nun mal annehmen, dass einer Ihrer Kollegen einen Menüteller zerbricht, der im Einkauf 9,50 Euro kostet. Wie viel Steaks zu 10 Euro müssen verkauft werden, um diesen zerbrochenen Teller zu bezahlen?

$$1{,}20 \text{ Euro} \times \text{? Steak} = 9{,}50 \text{ Euro}$$
$$\text{Antwort: } \mathbf{8!}$$

Das ist richtig, *acht Steaks*, nur um diesen einen zerbrochenen Teller zu ersetzen. Was lernen wir daraus? Vorsicht ist die Mutter der Porzellankiste!

Noch nicht überzeugt? O.K., wir nehmen ein anderes Beispiel. Ein Glas Wasser – keine großartige Sache, ein einfaches Glas Leitungswasser für den Gast. O.K.? Sie geben es wahrscheinlich gratis, wenn ein Gast danach fragt. Jedes Glas, das Sie einem Gast an den Tisch bringen, kostet Ihren Betrieb zirka 0,90 Euro.

Dieses Glas muss eingekauft werden. Jeden Tag besteht das Risiko, dass es zerbricht, und wenn das passiert ist, gehen die Kosten in die Höhe. Jetzt muss das Glas ersetzt werden. Natürlich muss es auch immer gereinigt, gelagert und wieder für den Gast aufgefüllt werden. Das kostet Arbeitszeit, Reinigungsaufwand und Wasser. Nicht nur das heiße reinigende Wasser, sondern auch das kalte Trinkwasser. Und was ist mit den Eiswürfeln? Die kosten auch Geld. Die Eismaschine läuft ununterbrochen und verbraucht sowohl Strom als auch Wasser. Es gibt noch viele versteckte Kosten, die wir hier aufzählen könnten, aber es ist bestimmt klar geworden: So etwas wie ein kostenloses Glas Wasser gibt es gar nicht!

Ein besserer Verkäufer zu werden ist ein guter Weg, Kosten zu reduzieren. Was passiert z. B. mit der Tagessuppe, wenn Sie sie *nicht* verkaufen? Sie wandert in den Abfluss – und mit ihr die Gewinne und mögliches Trinkgeld dazu! Die Küche hat die Aufgabe, die Speisen zu produzieren, die Sie verkaufen können. Aber es ist alles umsonst, wenn Sie nicht verkaufen, was die Küche produziert.

So einfach ist das. Wir reden hier über **Teamwork!**

Jeder Einzelne kann seinen Teil dazu beitragen, Kosten zu reduzieren, indem er den Abfall kontrolliert und Verschwendung vermeidet, wo und wann immer es möglich ist. Ab und zu wandern z. B. unbenutzte Zuckerportionen in den Müll, wenn wir das Geschirr abräumen, von den ungeöffneten Portionspackungen mit Kaffeesahne ganz zu schweigen. Unbeabsichtigt landen auch manche Gabeln, Löffel und Messer in der Abfalltonne. Diese Kleinigkeiten summieren sich mit der Zeit, und plötzlich ist daraus ein großer Kostenfaktor geworden. Also, was können *Sie* tun? Sie sollten einen Schwur leisten und ein anerkannter Sparfuchs werden, indem Sie folgende Punkte befolgen:

– Behandeln Sie bitte das Inventar behutsam, um Bruch und Verlust bei Gläsern, Geschirr, Besteck usw. zu minimieren.

– Heben Sie bitte Speisereste und (Papier-)Servietten, die Ihnen auf den Boden gefallen sind, auf. Werfen Sie diese in die Mülltonne und nicht in das Waschbecken. Verstopfte Abflüsse sind eine chronische Krankheit von Restaurants und kosten viel Geld.

– Bitte werfen Sie nicht einfach aus Gewohnheit ungeöffnete oder ungebrauchte Portionspäckchen von Zucker, Süßstoff, Kaffeesahne, Butter, Konfitüre bzw. Marmelade, Senf, Ketchup, Dressing usw. weg.

– Da wir gerade dabei sind: Werfen Sie auch keine Messer, Gabeln und Löffel (und schon gar keine Teller, Schälchen oder Gläser) weg! Wenn Ihnen zu Hause versehentlich ein Teller oder ein Löffel in den Müll fällt, würden Sie den nicht auch sofort wieder herausholen?

Schreiben Sie nun einige zusätzliche Möglichkeiten auf, die *Sie* als einen geprüften Sparfuchs auszeichnen.
(Bitte schreiben Sie Ihre Antworten in die Leerzeilen)

> **Das Gastgewerbe ist das einzige Geschäft, in dem es mehr Wege gibt, Geld zu verlieren, als Geld zu verdienen!**

Sicherheit ist kein Zufall

Sicher, die notwendigen Maßnahmen zur Arbeitssicherheit sind recht umfangreich. Wer will sich aber verletzen? Es ist so schon anstrengend genug, im Restaurant zu arbeiten. Probieren Sie das mal mit einem verstauchten Knöchel oder einem gebrochenen Arm! Wenn Sie nicht arbeiten, machen Sie auch keinen Umsatz.

Neben der Vermeidung von Verlust und Verschwendung müssen Sie also auch auf sich selbst und Ihre Kollegen aufpassen. Unfallgefahren jeder Art lauern überall. Sie können die meisten vermeiden, indem Sie vorsichtig sind und Ihren gesunden Menschenverstand benutzen. Nur wenn Sie gesund sind, sind Sie auch fröhlich.

Gesunde Angewohnheiten

Laufen
- *Tragen Sie rutschfeste Schuhe und hetzen Sie sich nicht.*
- *Besondere Vorsicht gilt in feuchten Räumen.*
- *Gehen Sie aufrecht.*
- *Machen Sie sich Ihren Kollegen bemerkbar, damit es keine Kollisionen gibt.*

Zerbrochenes Glas
- *Scherben sollte man nicht mit der Hand anfassen.*
- *Große Scherben aufkehren.*
- *Kleine Glassplitter wegsaugen.*
- *Scherben gehören in einen gesonderten Behälter, nicht in den Müll.*

Verschüttetes

- *Sofort wegwischen. Feuchte Bodenflächen sollten entsprechend kenntlich gemacht werden.*
- *Putzeimer nicht zu voll füllen (das verhindert nicht nur das Überschwappen, sondern spart zusätzlich Geld und Gewicht).*

Heben

- *Etwas ist zu schwer? Holen Sie Hilfe herbei.*
- *Oder halbieren Sie die Ladung und laufen Sie zweimal.*
- *Wagen oder Karren freuen sich, Ihnen zu helfen.*
- *Wenn Sie etwas heben müssen, beugen Sie dabei Ihre Beine, nicht Ihren Rücken.*
- *Achten Sie auf Ihre Finger!*

Messer

- *Fallende Messer nicht auffangen.*
- *Halten Sie Messer scharf.*
- *Beim Tragen hält man sie immer mit nach unten gerichteter Spitze.*
- *Für jede Arbeit sollten Sie das richtige Messer benutzen und sich bei der Arbeit konzentrieren.*
- *Fertig? Dann reinigen und lagern Sie das Messer richtig.*

Feuer
- *Gehen Sie mit Feuer kein Risiko ein!*
- *Ihre Sicherheit ist zu wertvoll!*

Sicherheitshinweise
- *Ziehen Sie unbedingt den Netzstecker, bevor Sie Maschinen reinigen.*
- *Wasser und Elektroleitungen vertragen sich nicht.*
- *Benutzen Sie kein beschädigtes Material oder defekte Maschinen.*
- *Benutzen Sie ausschließlich Maschinen, für die Sie eine Einweisung erhalten haben. Fertig? Schalten Sie die Maschine ab.*
- *Seien Sie besonders vorsichtig in der Nähe von Maschinen, auch wenn diese von anderen benutzt werden.*

Zur Erinnerung   Wenn es zu einer Verletzung kommt, dann fordern Sie sofort medizinische Hilfe an. Verständigen Sie dann Ihren Supervisor oder Manager.
Am wichtigsten ist, dass Sie bei der verletzten Person bleiben, bis Hilfe eintrifft.
Bitte listen Sie drei Bereiche aus *Ihrer* Bar oder *Ihrem* Restaurant auf, in denen Unfälle auftreten könnten. In der rechten Spalte tragen Sie bitte ein, wie man diese Unfälle verhindern kann.
(Bitte schreiben Sie direkt in dieses Arbeitsbuch)

Mögliche Gefahren- bzw. Unfallstellen   **Lösung zur Unfallverhütung**

1. _____   _____
   _____   _____
   _____   _____
   _____   _____

Mögliche Gefahren- bzw. Unfallstellen   **Lösung zur Unfallverhütung**

2. _____   _____
   _____   _____
   _____   _____
   _____   _____

3. _____   _____
   _____   _____
   _____   _____
   _____   _____

Jetzt haben Sie alle Servicestrategien durchgearbeitet.
Lassen Sie uns noch einen letzten Punkt beleuchten ...

Eine letzte Bemerkung zu *SERVICE THAT SELLS!*

In aller Kürze: *SERVICE THAT SELLS!* bedeutet, dass Sie sich selbst als Verkäufer sehen, Ihr Angebot kennen und die Servicebedürfnisse und Erwartungen Ihrer Gäste übertreffen. Ein erfolgreiches Restaurant bietet nicht nur guten Service an manchen Tagen, es muss guten Service an jedem Tag und in jeder Schicht sicherstellen.

Wären Sie nicht auch enttäuscht, wenn Sie in Ihr Lieblingsrestaurant gehen und die Hauptspeise schmeckt anders als sonst und nicht so, wie Sie es gewohnt sind? Beständigkeit in der Qualität der Produkte ist genauso wichtig wie die Beständigkeit im Service. Marketingmaßnahmen und Aktionen können zwar neue Gäste anlocken, aber es liegt an Ihnen, einen kontinuierlich hohen Servicestandard zu leisten, um Gäste zu Stammgästen zu machen.

Bedenken Sie bitte: Das Ziel von *SERVICE THAT SELLS!* ist nicht, aus Ihnen einen professionellen Verkäufer zu machen, sondern einen *Verkaufsprofi*. Man arbeitet schließlich entweder im Verkauf oder in der Verwaltung.

> **Guter Service kann ein schlechtes Essen retten. Umgekehrt läuft das allerdings nicht!**

Rückblick
SERVICE THAT SELLS!

Ich weiß, ich weiß!
Kreuzen Sie bitte die Kästchen an, wenn Sie die Strategien verstanden haben, und füllen Sie die Lückentexte aus. Wenn Sie sich nicht *ganz* sicher sind oder Schwierigkeiten beim Ausfüllen haben, dann schlagen Sie noch mal kurz unter der jeweiligen Strategie nach.

☐ Ich kenne meine Position innerhalb des Servicezyklus.

☐ Ich kenne die 5 Schritte zu ausgezeichnetem Service (Bitte nennen Sie diese.)

1. _____
2. _____
3. _____
4. _____
5. _____

☐ Ich weiß, was „B 135" bedeutet, und zwar

B _____
1 _____
3 _____
5 _____

☐ Ich weiß das Namensspiel zu spielen. Wir prüfen das kurz. Erinnern Sie sich an die Namen dieser fünf Personen?

_____ _____ _____ _____ _____

☐ Ich weiß, dass eine adrette Erscheinung zu höherem Trinkgeld führt.

☐ Ich weiß, wie man neue Gäste erkennt.

☐ Ich kenne die 4 Wege, *nicht* im Sumpf zu landen und im Geschäft zu bleiben, und zwar

  B _____
  V _____
  P _____
  A _____

☐ Es ist mir wichtig, Bruch und Schwund zu minimieren, wo immer es möglich ist. Mein bester Vorschlag dazu:

_____
_____
_____
_____

☐ Ich weiß, dass *ARBEITE SMART ... NICHT HART!* mir dabei helfen kann, besseren Service zu leisten, mehr Spaß bei der Arbeit zu haben, in einem erfolgreicheren Restaurant zu arbeiten und mit mehr Geld in der Tasche nach Hause zu gehen.

Schlussfolgerung

Wir gratulieren! Sie haben das *ARBEITE SMART ... NICHT HART!* Arbeitsbuch in Rekordzeit durchgearbeitet und dabei hoffentlich viele neue Ideen bekommen, die Sie nun für eine lange, lange Zeit anwenden werden.

Blättern und lesen Sie im Laufe der nächsten Wochen immer mal wieder in diesem Arbeitsbuch. Wiederholen Sie die für Ihren Arbeitsbereich relevanten Themen. Jetzt betrachten wir die folgende Liste mit Verkaufs- und Serviceaussagen, die Sie beachten sollten.

An welchen müssen Sie noch arbeiten?
Welche kennen Sie schon in- und auswendig?

Wie ist Ihr Stand bei den hier genannten Punkten? Kreuzen Sie bitte die entsprechende Spalte an.

Die „IMMERs"

Klar!	Nicht 100 %	
____	____	Immer eine saubere Uniform tragen.
____	____	Haare O.K., nicht zu viel Parfüm/Rasierwasser.
____	____	Alle Hilfsmittel für Ihre Arbeit griffbereit, z. B. Block, Kugelschreiber, Kellnermesser, Wechselgeld ...
____	____	Gästen immer den Vortritt lassen.
____	____	Meine Station auf ordnungsgemäßen Zustand überprüfen.
____	____	Den Gästen für ihren Besuch danken.
____	____	Die Tür für ankommende und gehende Gäste öffnen.
____	____	Gläser und Porzellan vorsichtig behandeln, um Bruch zu vermeiden/minimieren.
____	____	Gästenamen verwenden, wann immer es möglich ist.

Klar!	Nicht 100%	
_____	_____	Gästen die Garderobe aufhängen und Stühle vorrücken.
_____	_____	Jedem Gast Vorspeisen und Desserts empfehlen.
_____	_____	Immer Streichhölzer bei sich tragen und volle Heftchen bei Bedarf anbieten. Während der Arbeit Ordnung und Sauberkeit halten – so erkennt man einen Profi.
_____	_____	Teamwork leisten. (Eine Hand wäscht die andere!)
_____	_____	Den Restaurantbesuch für die Gäste zum Erlebnis werden lassen.
_____	_____	Jedem Gast ein Lächeln schenken.
_____	_____	Den Kindern der Gäste Aufmerksamkeit schenken.

Die „NIEs"
– Küche oder Restaurant mit leeren Händen verlassen.
– Im Dienst Kaugummi kauen.
– In der Küche, im Restaurant oder der Station rennen.
– Mit Gästen oder Kollegen über Trinkgelder diskutieren. (Trinkgeld ist ein „Dankeschön", eine Anerkennung – kein Diskussionspunkt!)
– Das freundliche Bühnenlächeln verlieren.
– Wechselgeld direkt vor dem Gast abzählen.
– Den Gast fragen: „Wollen Sie Geld raus haben?"
– Gäste anlügen oder belehren.
– Eigene Einstellungen auf Gäste übertragen. („Sie *mögen* Austern? Igitt!")
– Ein Ordertaker sein.
– Speisen/Getränke servieren, die nicht dem Standard Ihres Restaurants genügen.
– In den Sumpf geraten.
– Nur mit den Stammgästen sprechen und neue Gäste vernachlässigen.
– Mit Kollegen in Grüppchen zusammenstehen und Privatgespräche führen.
– Darüber sprechen, dass Sie irgendwann einmal einen richtigen Job bekommen.

Der „Was-wissen-Sie"-Test

Bitte beenden Sie die Arbeit an diesem Buch mit dem Ausfüllen des Tests, den Sie schon kennen. Jetzt bestimmt eine leichte Übung für Sie! Vergleichen Sie zunächst Ihre Antworten mit der Auflösung auf Seite 139. Werfen Sie dann einen Blick zurück auf den ersten Test und Sie werden über Ihre Fortschritte begeistert sein.
(Bitte schreiben Sie direkt in Ihr Arbeitsbuch)

1. Suggestives Verkaufen beinhaltet
   (Bitte alles Zutreffende einkreisen)

   A. Dem Gast bei Entscheidungen zu helfen
   B. Gute Artikel auf der Speisekarte zu empfehlen
   C. Etwas aufdringlich zu sein
   D. Besseren Service zu bieten
   E. Höheres Trinkgeld zu erhalten

2. Wenn ein Unfall Verletzungen hervorruft, die medizinische Hilfe benötigen, sollten Sie
   (Eine Antwort einkreisen)

   A. Sofort medizinische Hilfe anfordern
   B. Ihren Supervisor oder Manager benachrichtigen
   C. Bei der verletzten Person bleiben, bis Hilfe eintrifft
   D. Alle der oben genannten Punkte tun

3. Welche Art der Werbung kann man nicht mit Geld kaufen? *(Eine Antwort einkreisen)*

   A. Zeitungsanzeigen
   B. Fernsehspots
   C. Radiowerbung
   D. Positive Mundpropaganda

4. Wie viele Personen erfahren von der schlechten
   Serviceerfahrung eines Gastes?
   (Eine Antwort einkreisen)

   A. 3
   B. 30
   C. 300
   D. 3000

5. Warum sind Bars und Restaurants nicht erfolgreich?
   (Eine Antwort einkreisen)

   A. Falscher Standort
   B. Schlechtes Essen
   C. Mangelnde Hygiene
   D. Keine Kostendeckung

6. Was dürfen Sie im Umgang mit Messern niemals?
   (Eine Antwort einkreisen)

   A. Das Messer scharf halten
   B. Jeweils das passende Messer einsetzen
   C. Das Messer reinigen und sorgfältig aufbewahren
   D. Es in der Luft auffangen, bevor die Klinge
      auf dem Boden kaputtgeht

7. Wer macht mehr Umsatz und Trinkgeld?
   (Eine Antwort einkreisen)

   A. Ein Ordertaker
   B. Ein serviceorientierter Verkäufer

8. Im Verkauf und Service ist es besser, gutes Verhalten
   zu zeigen, als eine gute Einstellung zu haben.
   (Eine Antwort einkreisen)

   WAHR
   oder
   FALSCH

9. Die vier P für Ihre Angebotskenntnis sind
   (Bitte vier einkreisen)

   A. Preis
   B. Produktzubereitung
   C. Petersilie
   D. Portion
   E. Präsentation

10. *(Bitte füllen Sie die Lücke)*

    Das_____-Nicken ist die wichtigste
    Verkaufsmethode, die Sie anwenden können.

11. Welches der folgenden Beispiele gehört *nicht* zur
    richtigen Wortwahl bei suggestivem Verkaufen?
    (Eine Antwort einkreisen)

    A. Beschreibende Adjektive
    B. Das Wort „probieren"
    C. Das Wort „besonders"
    D. Das Wort „beliebt"
    E. Der Ausdruck „Billiges Schnäppchen"

12. Das „Gesetz von Erster und Letzter" bezieht sich auf
    die Tatsache, dass sich Leute das am besten merken,
    was Sie_____und_____sagen.
    (Füllen Sie die Lücken)

13. Welcher der beiden Servicemitarbeiter hat im
    Folgenden in Gedanken dem Gast bereits etwas
    verkauft? *(Eine Antwort einkreisen)*

    A: „Darf ich Ihnen jetzt schon eine Flasche Wein
        bringen oder lieber zum Hauptgang?"
    B: „Möchten Sie Wein zum Essen?"

14. Wie viel Auswahlmöglichkeiten sollten Sie Ihrem Gast nennen, wenn Sie ihm etwas empfehlen?
(Eine Antwort einkreisen)

    A. Eine
    B. Mindestens zwei
    C. Mindestens elf

15. Was sollten Sie *sofort* sagen, wenn ein Gast bei Ihnen ein frisch gezapftes Bier bestellt und Sie verschiedene Größen anzubieten haben? *(Eine Antwort einkreisen)*

    A. „Ein Großes?"
    B. „Ein Kleines?"
    C. „Ich hol's Ihnen."
    D. „Klingt gut."

16. Sie sollten bei einer Cocktail-Bestellung
    immer/nie
    einen Upgrade versuchen. *(Eine Antwort einkreisen)*

17. Welches der genannten Dinge ist *keine* Verkaufshilfe? *(Eine Antwort einkreisen)*

    A. Tischaufsteller
    B. Speisekarte
    C. Eine Weinflasche
    D. Flecken auf der Schürze
    E. Getränkekarte

18. Die Goldmine des Servicemitarbeiters ist/sind *(Eine Antwort einkreisen)*

    A. Der Zigarettenautomat
    B. Der Aufenthaltsraum
    C. Die 5 Verkaufszonen
    D. Die Stechuhr

19. Die Aufgabe jedes Unternehmens ist es, Kunden
    zu _____ und
    zu _____.
    Das Ziel ist es, _____ zu sein.
    (Füllen Sie die Lücken)

20. Gäste beurteilen die Servicequalität, wann immer sie mit Ihnen, Ihren Kollegen oder Ihrem Betrieb in Kontakt kommen. *(Eine Antwort einkreisen)*

   WAHR
   oder
   FALSCH

21. Was bedeutet, „auf der B 135 unterwegs zu sein"? *(Eine Antwort einkreisen)*

   A. Ich bin auf der Straße nach Süden
   B. Ich bin auf dem Weg zu besserem Service, höherem Umsatz und zu mehr Trinkgeld

22. Wie lautet das Geheimrezept, nicht im Sumpf zu landen, sondern im Geschäft zu bleiben? *(Eine Antwort einkreisen)*

   A. Einen „richtigen Job" finden
   B. Schneller arbeiten
   C. Beobachten, Vorausschauen, Prioritäten setzen, Agieren
   D. Um Unterstützung bitten

23. Wie hoch ist Ihrer Meinung nach in der Restaurantbranche der durchschnittliche Gewinn vor Steuern an 1 Euro Umsatz? *(Eine Antwort einkreisen)*

   A. ca. 0,04 Euro
   B. ca. 0,11 Euro
   C. ca. 0,25 Euro
   D. ca. 0,50 Euro

24. Um besseren Service zu leisten und mehr zu verkaufen, sollten Sie sich folgende 3 Grundsätze in Stein meißeln – und natürlich auch danach handeln. *(Füllen Sie die Lücken)*

   A. Denke und handle wie ein _____
   B. Kenne dein _____
   C. Lebe und biete *SERVICE*_____

25. Es ist die Verantwortung jedes Einzelnen, Verschwendung und Bruch zu minimieren und damit die Kosten zu reduzieren. *(Eine Antwort einkreisen)*

   WAHR
   oder
   FALSCH

26. Welches sind die 5 wichtigsten Regeln für ausgezeichneten Service aus der Sicht der Gäste? *(Eine Antwort einkreisen)*

   A. Schau mich an, lächle mich an, sprich mit mir, höre mir zu, danke mir
   B. Beobachte, erahne, reagiere, verstärke, belohne
   C. Suchen, finden, feststellen, belehren, abliefern
   D. Zeitplanung, Zeitplanung, Zeitplanung, Zeitplanung, Zeitplanung

27. Der folgende Satz drückt meine jetzige Einstellung zu *ARBEITE SMART... NICHT HART!* am besten aus. *(Eine Antwort einkreisen)*

   A. Lasst mir die Ruhe
   B. Von neuen Ideen wird mir übel
   C. Zwei Worte: Nickerchen machen
   D. Ich hoffe, damit meinen Service und meine Verkaufstechniken zu verbessern und dadurch mehr Geld zu verdienen

Test-Auflösung

Hier finden Sie die Antworten zum Was-wissen-Sie-Test von den Seiten 14 bis 19 und 133 bis 138.

1. A, B, D, E
2. D
3. D
4. C
5. D
6. D
7. B
8. WAHR
9. A, B, D, E
10. PENCOM
11. E
12. zuerst, zuletzt
13. Servicemitarbeiter A
14. B
15. A
16. immer
17. D
18. C
19. akquirieren, behalten, profitabel
20. WAHR
21. B
22. C
23. B
24. Verkäufer, Angebot, *THAT SELLS!*
25. WAHR
26. A
27. D

Platz für eigene Ideen

Platz für eigene Ideen

Ein Buch, das Sie unbedingt lesen sollten!

SERVICE THAT SELLS!
Die Kunst profitabler Gastlichkeit

160 Seiten, 17,5 x 24,5 cm
26 Euro [D]
ISBN 3-87516-733-3

Die Servicefreundlichkeit der amerikanischen Gastronomie ist weltberühmt. Auch in unseren Restaurants, Bars und Hotels sollte diese Dienstleistungsbereitschaft angestrebt werden. Nicht nur um Gäste zufrieden zu stellen und als Stammgäste zu binden, sondern um erfolgreicher wirtschaften zu können.

Dieses Buch zeigt Führungskräften und Mitarbeitern machbare Möglichkeiten auf, um

- den Service im Restaurant, in der Bar und im Hotel zu verbessern,
- Umsatz und Trinkgelder zu steigern,
- Kostenreduzierungen durchzuführen,
- Mitarbeiter effizient zu trainieren, damit Arbeitsweise, Produktivität und Profite optimiert werden.

Dieser Ratgeber, von Servicemitarbeitern für Servicemitarbeiter geschrieben, zeigt viele praktische Wege auf, um die Servicequalität zu optimieren und den Umsatz zu steigern. Durch spezielle Arbeitspraktiken und rhetorische Schulung lernen die Mitarbeiter Schritt für Schritt, leichter und mehr zu verkaufen. Dadurch werden die Erwartungen der Gäste und des Arbeitgebers nicht nur erfüllt, sondern weit übertroffen.

Dieses Buch können Sie über den örtlichen Buchhandel beziehen oder direkt beim Matthaes Verlag bestellen:
Matthaes Verlag GmbH, Olgastraße 87, 70180 Stuttgart
Telefon (07 11) 21 33-3 29, Telefax (07 11) 21 33-3 20
E-Mail: buch@matthaes.de